LA FAUNA POLÍTICA
LATINOAMERICANA

ÁLVARO VARGAS LLOSA

LA FAUNA POLÍTICA LATINOAMERICANA

Neopopulistas, reyes pasmados e insoportables

LA TERCERA - MONDADORI

LA FAUNA POLÍTICA LATINOAMERICANA

© 2004, Álvaro Vargas Llosa
© 2004, Consorcio Periodístico de Chile S.A., COPESA
    Random House Mondadori S.A.
    Monjitas 392, of. 1101, Santiago de Chile
    Teléfono: 782 8200 / Fax: 782 8210
    E-mail: editorial@randomhousemondadori.cl
    www.randomhouse-mondadori.cl

Primera edición: septiembre de 2004
ISBN: 956-8207-07-4
Registro de propiedad intelectual: 141.648

Impreso en Chile: Imprenta Salesianos S.A.
Diseño de colección: Josefina Johansen
Diseño de portada: Andrea Cuchacovich
Fotografías de portada: Archivo fotográfico de COPESA
Composición de interiores: Salgó Ltda.

A Luis Llosa Ureta, mi abuelo "Chiqui"

ÍNDICE

PRELUDIO

Las páginas que siguen son una instantánea del continente americano en plena década tonta –la del 2000– vista desde la perspectiva de fines del 2004, a mitad de camino.

En la década anterior, casi todos los países sabían lo que querían aun cuando no encontraron lo que buscaban. En ésta, casi todos saben lo que no quieren pero ignoran lo que buscan, de modo que en muchos resurge el populismo, en un par sobrevive una sensatez sitiada y en varios más predomina el pasmo, bajo la forma de gobiernos desconcertados por el espectáculo de sus pueblos ariscos y por su propia falta de discernimiento.

He dividido este repaso crítico en cinco partes. La primera sermonea a los Estados Unidos, inevitable vecino, por no practicar lo que predica. La segunda diseca a los neopopulistas. La tercera persigue con microscopio partículas de insoportable sensatez. La cuarta es una mosca antipática en la boca abierta de los pasmados. La última, presuntuosa, sugiere antídotos contra la década tonta.

He tratado de no aturdir al lector con excesivas notas a pie de página, limitándome a consignar la fuente de aquellos datos o citas que parecían exigir alguna referencia.

A.V.Ll.

Primera parte

IMPERIO ENFADADO

1. De Trotski a Bagdad

Si uno comparte cama con un elefante, es mejor que aprenda a conocer sus manías, los resortes que guían los movimientos de su trompa, sus preferencias nocturnas. De lo contrario, puede amanecer algo magullado. Ocurre lo mismo con los imperios. Si a uno le toca convivir con ellos, es mejor, para anticipar sus actos, mirarlos con atención. Y esto es justamente lo que no hemos hecho los latinoamericanos con respecto a los Estados Unidos, cuya política exterior, a mediados de la década del 2000, tiene dividida a la humanidad en bandos encarnizados. Juzgamos la ocupación de Iraq como un acto imperialista nacido de una justificación embustera, pero no entendemos por qué George W. Bush, que en su campaña electoral había ofrecido replegar los tentáculos de su país y exhibido una enternecedora ignorancia respecto de los mandatarios con quienes alternaría en caso de ganar, acabó encabezando –los ojos escapados de sus cuencas– una cruzada contra los enemigos de la civilización judeocristiana.

Como todas las historias raras, el cuento que desemboca en Bagdad es interesante. Empieza a mediados de los 50, cuando se produce un golpe de Estado al interior de la derecha estadounidense, tendencia que, hasta entonces, era individualista, porque –como Thomas Jefferson– creía en el individuo en lugar del Estado, y antiimperialista porque –como George Washington– creía en una política exterior ajena a toda intervención, con mínimo contacto político y máximo trato comercial. Heredera de los Padres Fundadores, la vieja derecha tuvo figuras intelectuales como Albert J. Nock, Garet Garret y Rose Wilder Lane, y políticas como el senador Robert Taft. Su bestia negra fue F.D. Roosevelt, pues hinchó el Estado, que desde esos tiempos exhibe paperas, y además debido a que, zambulléndose en la Segunda Guerra Mundial, inició un permanente intervencionismo exterior, con la consiguiente injerencia del poder en todas las cosas.

Sin embargo a mediados de los 50 surge una nueva derecha en torno a la revista *National Review*, que funda William F. Buckley. Formada por antiguos trotskistas como James Burnham, que habían abjurado del comunismo por las crueldades de Stalin, esta nueva derecha creía en el Estado gestor, ardía de pasión en asuntos de política exterior y, a diferencia de la derecha anterior, respetaba la herencia económica de Roosevelt.

¿Y qué cuernos tiene esto que ver –se preguntará el lector– con la ocupación de Iraq? Todo. Luego de aquella primera ola de la nueva derecha, vinieron otras en los años 60 y 70, con figuras como Norman Podhoretz e Irving Kristol. Para ellos, la gran misión de Estados Unidos, además de derrotar al comunismo, era convertir al mundo al credo cristiano, democrático y capitalista. Para alcanzar ese alto fin, estaban dispuestos a confundirse con infieles, amaestrar tiranos y dirigir la economía. Pues bien: de esta horma saldrán las figuras que a partir de 2001 ocuparán los cargos decisivos de la administración de George W. Bush, quien no se entera de nada de esto hasta que, ganada la elección del año 2000, encarga a Dick Cheney el traspaso del poder. Este viejo zorro coloca a la nueva derecha, la de los "neoconservadores" (*neocons*), en los puestos estratégicos. En el Pentágono, sitúa como segundo a Paul Wolfowitz, ideólogo del gobierno, y a Douglas Feith como tercero; nombra jefe de su propio gabinete a Lewis Libby, protegido de Wolfowitz; destaca a John Bolton en el Departamento de Estado y a Elliot Abrams en el Consejo de Seguridad Nacional; finalmente, otorga a Richard Perle el control de un organismo encargado de asesorar a los responsables de la Defensa. Éste era el pastel y Bush, su guinda.

¿Cómo habían logrado los *neocons* respetabilidad suficiente para apoderarse del cuerpo republicano y ser llamados al gobierno? El "gran salto" empieza a gestarse durante la Presidencia del primer Bush, siendo Bill Kristol (hijo y heredero intelectual de Irving Kristol) jefe de gabinete del vicepresidente Dan Quayle. Durante años fue una voz en el desierto: propugnó sin éxito la invasión a Iraq como parte de una estrategia de reingeniería global consistente en rehacer el mundo a imagen y semejanza de Estados Unidos. Siria e Irán también estaban en la mira. Mientras el resto del planeta no se llene de democracias liberales, Estados Unidos estará rodeado de enemigos, piensa Kristol. Por tanto, esta nación no debe esperar la arremetida de sus enemigos. Debe ir —como diría un español— a por ellos.

El gobierno del primer Bush no tenía el prurito de cambiar el mundo y, en cualquier caso, fue derrotado por Bill Clinton. Entonces, los *neocons*, libres de responsabilidad gubernativa, pasan a desplegar su artillería ideológica sin inhibiciones. Se agrupan en órganos de opinión como *The Weekly Standard* con el apoyo del empresario Rupert Murdoch y, bajo la batuta de Kristol, en lo que da en llamarse el "Proyecto Para Un Nuevo Siglo Americano" (Project For A New American Century). Durante toda la década libran una incandescente batalla ideológica, exigiendo una intervención armada en Iraq y el derrocamiento de regímenes despóticos como el iraní y el sirio, así como una alianza sin complejos con el Likud de Israel. De América Latina se ocupan poco, porque la consideran un furgón de cola y porque de ese asunto lateral ya se encargan la Drug Enforcement Administation (DEA) y el Comando Sur. A Europa la ven mediocre y entumecida. A China le temen y, para prevenir una futura desventaja, piden una presencia más hegemónica en el Asia y, por supuesto, el desarrollo de una defensa espacial antimisiles.

Aunque se apoyan en institutos de investigación influyentes y obtienen financiamiento sustancioso, durante los años 90 siguen siendo voces marginales en el Partido Republicano. Nadie toma muy en serio a los "neoconservadores". Nadie se molesta en contrarrestar su prédica. Nadie los ve venir. Al despuntar el nuevo milenio, cuando George W. Bush da la sorpresa en los comicios internos del Partido Republicano, ni siquiera los propios *neocons*, que lo miran con desdén, sospechan que meses más tarde se les abrirá la ocasión de capturar, penetrándolo como racimos de estafilococos, el gobierno de Estados Unidos. Es decir: algo así como la ocasión de gobernar el mundo. Medio siglo después del golpe de Estado intelectual al interior de la derecha estadounidense, los "neoconservadores" obtienen, gracias a los atentados del 11 de septiembre de 2002 contra las Torres Gemelas, la credencial definitiva. Sí, el mundo vive una confrontación entre las fuerzas del bien y las del mal. Estados Unidos, después de muchos años concediendo ventajas, se ha enfadado por fin. El enfado lo capitanea la nueva derecha.

Las intenciones no son malévolas ni turbios los propósitos. Los *neocons* están animados por una fe sincera y una convicción de hierro. Sus ideales no están en cuestión. El resto del mundo sería, en efecto, mejor si se pareciera más a los *town halls* de Nueva Inglaterra y menos a las cavidades binladenescas de Tora Bora. Pero –y éste es su talón de Aquiles– los *neocons* no distinguen entre la legítima defensa, como podría serlo la cacería de talibanes en Afganistán en represalia por los atentados del 11 de septiembre del 2001, y la agresión no provocada. No encuentran contradicción entre defender la libertad y crear agencias gubernamentales atestadas de burócratas, violentar derechos civiles y llevar el gasto público a extremos siderales; tampoco, entre evocar las raíces individualistas de su país y propugnar la imposición –en alianza con especímenes no siempre edificantes– de unos valores que, impuestos de un modo que ofende en lugar de apreciar las costumbres locales, terminan convertidos en algo distinto de lo que pretenden ser. Por ejemplo, en Iraq no se ha intentado implantar el capitalismo de acuerdo con la rica y antigua tradición musulmana de libre empresa y estimular la participación de los ciudadanos comunes en la propiedad de recursos como el petróleo, sino que se ha pretendido recrear un Estado asistencial y repartir activos a empresas cercanas al poder político en Washington; un esquema no muy distinto del que, en tiempos del Sha de Irán, llevó a los iraníes a abrazar, por oposición, el islamismo fanático.

Tuvo razón Juan Bautista Alberdi, gran pensador argentino del siglo 19, cuando escribió: "La guerra es un modo que usan las naciones de administrarse la justicia criminal unas a otras, con esta particularidad, que en todo proceso cada parte es a la vez juez y reo, fiscal y acusado, es decir, el juez y el ladrón, el juez y el matador". Las imágenes espeluznantes de soldados estadounidenses torturando iraquíes en las cárceles y los testimonios acerca de abusos similares por parte de soldados británicos lo confirman. Y permiten a los enemigos profesionales de lo estadounidense hacer la absurda comparación entre Bush, que ha pagado el precio de una sociedad crítica y participativa, y el sanguinario Saddam Hussein, bajo cuyo reino del terror nadie podía protestar sin perder la lengua.

Ésta es –en versión telegrama– la increíble historia que lleva de Trostski a Bagdad.

2. Prevenir para lamentar

A los latinoamericanos nunca les falta un buen pretexto para vituperar a los Estados Unidos. A veces, la primera potencia se encarga de suministrar, con espléndida puntería, la madre de todos los pretextos. Eso mismo ocurrió la noche del 19 de marzo de 2003, cuando se inició la ocupación de Iraq que, en apenas dos semanas, dio cuenta del régimen de Saddam Hussein (y del poco cariño que el mundo le tenía reservado a George W. Bush). Como la mayor parte de los países latinoamericanos se opusieron a la invasión, y tanto México como Chile se negaron a respaldar a Bush en el Consejo de Seguridad de las Naciones Unidas (del que eran miembros rotativos), las relaciones de Washington con sus vecinos entraron en un estado de hibernación que todavía tirita.

¿Se puede ser amigo de Estados Unidos sin serlo también de su nueva doctrina, el "ataque preventivo"? Es posible, y por ello conviene fijar una posición latinoamericana no desde las viejas troneras, sino desde puntos de apoyo más sensatos: los principios sobre los que se funda Estados Unidos. Es decir, a veces toca a los latinoamericanos ser más gringos que los gringos, precisamente para que no acaben comportándose como ciertos latinoamericanos.

Hasta lo ocurrido en Iraq, la expresión "ataque preventivo" (*preemptive strike*) se reservaba para descalificar el golpe artero asestado por un enemigo. Se refería al ataque demoledor de la aviación japonesa, el 7 de diciembre de 1941, contra la flota estadounidense estacionada en Pearl Harbor, "ataque preventivo" con el que Tokio metió de lleno a Estados Unidos en la Segunda Guerra Mundial. La clase política estadounidense tenía al "ataque preventivo" como ejemplo de lesa civilización.[1] Tanto es así que en 1962, durante la "crisis de los misiles", cuando Washington consideró la posibilidad de atacar a Cuba antes de que la Unión Soviética acabara de convertirla en un vasto silo nuclear, Robert Kennedy, hermano y ministro del Presidente, frenó a su propio gobierno con esta lógica implacable: "Sería Pearl Harbor al revés".[2]

Los atentados contra las Torres Gemelas permitieron a quienes tenían una concepción distinta del derecho internacional poner de cabeza la idea del "ataque preventivo". Atrás quedaron las nociones del derecho internacional que fundan sus orígenes remotos en San Agustín, Santo Tomás de Aquino, Francisco de Vitoria o Hugo Grocio, según las cuales una nación civilizada sólo debe ir a la guerra en defensa propia. A partir de 2001, es lícito ir a la guerra para anticipar el futuro. Algo así como lo que plantea Steven Spielberg en su película *Minority Report*, ambientada en 2054, cuando un programa de prevención del crimen ejecutado por tres

---

[1] El senador Edward M. Kennedy aludió a este hecho en el Senado de Estados Unidos el 7 de octubre de 2002.
[2] Robert F. Kennedy, *Thirteen Days: A Memoir of the Cuban Missile Crisis*, Nueva York: W.W. Norton, 1969.

policías con capacidad para prever, conocidos como *precogs*, desbarata los asesinatos del porvenir.

La nueva forma de ver las cosas quedó plasmada, en septiembre de 2002, en un texto titulado "Doctrina Estratégica de Seguridad Nacional" ("National Security Strategy Doctrine"[3]). Allí se daba forma definitiva a un reciente discurso de Bush pronunciado ante el auditorio militar de West Point. La doctrina de Bush se resume así: "Si esperamos a que las amenazas se terminen de materializar, habremos esperado demasiado (...) Debemos llevar la batalla al campo enemigo".

Poco después, acaso presintiendo una cierta incomodidad, desde ultratumba, por parte de San Agustín o de Vitoria, los equipos legales de la Casa Blanca aclararon que la guerra anticipatoria está permitida si se dan tres condiciones: la posesión de armas de destrucción masiva por parte del enemigo; la amenaza inminente contra ciudadanos estadounidenses y el agotamiento de los medios pacíficos. Lo sorprendente no es que esta definición de la doctrina violara la propia Carta de las Naciones Unidas; después de todo, ese organismo no es siempre un maniático seguidor de sus propias reglas. Lo sorprendente es que la ocupación de Iraq, como hoy comentan hasta los niños en el recreo de la primaria, no reunió ninguna de las tres condiciones. Aplanar a un gobierno criminal, democratizar el Medio Oriente o vengar el odio del fanatismo islamista contra la civilización judeocristiana no formaba parte de ninguna justificación previa a la guerra. Estos argumentos –los tres sumamente edificantes– surgieron después de la guerra. Varios de los aliados de la causa son, dicho sea de paso, no menos impresentables

---

[3] El texto se puede leer en la página web http://www.whitehouse.gov/nsc/ness.pdf

que Hussein, como el coronel Gaddafi, con el que súbitamente las democracias del "mundo libre" están acarameladas. Y –tras cuernos, palos– todavía a estas alturas las fuerzas de ocupación no han cumplido la exigencia que el derecho internacional coloca sobre los hombros de todo invasor: restablecer el orden, la seguridad y los servicios públicos del país invadido. Los remanentes del régimen de Hussein, los shiítas radicales y los infiltrados de al-Qaeda aterrorizan a diario a la población.

La idea del ataque preventivo violenta los valores que respiran en la propia Constitución de Estados Unidos. Por tanto, descoloca a quienes pretenden, en América Latina, contrarrestar la satanización interesada, ideológicamente perversa, contra el imperio. Ni el mandatario mexicano Vicente Fox ni el chileno Ricardo Lagos, por citar un ejemplo de derecha y otro de izquierda, son enemigos de Estados Unidos. Al contrario: a un cierto costo, han eludido, y a veces recusado, la abundante charlatanería antiimperialista que se dedica en estos tiempos a atronar el continente. Pero ¿cómo podían ellos defender, sin perder legitimidad ante sus propios pueblos y ante el vecindario, una noción como la guerra preventiva, que se presta a las más exquisitas perversiones y que los propios enemigos de Washington podrían invocar para cubrir con un manto de respetabilidad sus futuros apetitos antropofágicos?

Los fundadores de Estados Unidos intuyeron hace más de dos siglos los peligros que encerraba la tentación de convertir por la fuerza a todos los países del mundo a la democracia liberal. Para evitar que esa tentación se devorara, como Saturno, a sus propios hijos, recomendaron limitar el uso de la violencia a casos de defensa propia. Desde entonces, como lo sabe bien este hemisferio, esas prevenciones han sido una y otra vez desoídas. Pero ahora lo son a partir de una justificación formal con aspiraciones de permanencia y aliento planetario en un mundo que no es el de la "guerra fría". Las luces –el ocaso de Hussein y la transición de Iraq hacia algo menos tiránico de lo que había antes– han venido acompañadas de sombras: el recrudecimiento del antiyanquismo, el reclutamiento de más terroristas, la división de las democracias occidentales y, a raíz del fiasco de las armas de destrucción masiva, la "confirmación" que buscaban los enemigos de la libertad de que las intenciones de Washington no eran defensivas. Es cierto que nunca faltan pretextos a los profesionales del odio contra Estados Unidos. Pero es mejor que no sobren.

Con la Constitución de Estados Unidos en la mano, corresponde a los latinoamericanos recordarle a los gringos, antes de que lo olviden, por qué son gringos.

3. El mirón

Todos somos mirones. Por alguna extraña razón instalada en algún punto del recorrido que va del cuero cabelludo a la punta del dedo gordo del pie derecho, queremos observar y conocer lo que hacen los demás. No nos gusta, por lo general, que los demás nos observen a nosotros. Cuando Rubén Blades se refiere a que Pedro Navaja lleva "lentes oscuros pa' que no sepan que está mirando", atrapa en una frase perfecta algo de la naturaleza humana. Mirar sin ser visto parece ser una suprema aspiración de nuestra especie. Es la forma exquisita de ejercer poder sobre los otros.

Como los gobiernos no son otra cosa que grupos de personas con poder, aspiran también a saber todo lo posible acerca de propios y extraños, y a que los ciudadanos sepan lo menos posible acerca de ellos. El que los terroristas que dinamitan regímenes de derecho obliguen a menudo a los gobiernos a asumir mayores poderes para mirar sin ser vistos, que es en el fondo lo que hacen ellos mismos, es una prueba de lo bien que conocen a su enemigo. Es decir, el terrorismo aspira a que su enemigo se le parezca. Con prescindencia de si ello está o no justificado, y del éxito o fracaso final de su estrategia, conocemos bien en América Latina la capacidad que tienen los que han atentado o atentan contra el sistema de libertades públicas para llevar a sus adversarios, como en una ceremonia de seducción perversa, a su propio terreno. De los montoneros, en Argentina, a Sendero Luminoso, en Perú, los casos abundan. El terrorismo pretende así "desenmascarar" al enemigo, demostrando que es lo contrario de lo que dice ser y, por tanto, legitimar el uso de la violencia como "respuesta" a la agresión del Estado.

Pues bien: pocos debates son tan pertinentes a los países latinoamericanos como la intensa discusión que provoca en Estados Unidos la respuesta del gobierno de Washington al terrorismo. La polémica interesa al sur del Río Grande por dos razones. La primera, directa, tiene que ver con los perjuicios que trae para cualquier latinoamericano la sospecha que recae de un tiempo a esta parte sobre todo extranjero en Estados Unidos: cunde la idea de que cualquier cuerpo foráneo amenaza el sistema inmunológico del organismo –la cultura, la civilización– estadounidense. Los latinoamericanos, sin necesidad de llevar chilaba, turbante o luengas barbas, somos un sida político-social. La segunda razón por la que nos interesa ese debate interno es indirecta: en el ejercicio de defensa propia contra el enemigo invisible, muchos países latinoamericanos hemos enfrentado alguna vez –y lo haremos en el futuro– la traumática tensión entre libertad y seguridad, entre el no mirar y el mirar sin ser visto.

Defensores y críticos del gobierno estadounidense concuerdan en una cosa: el Estado-mirón ha crecido. Para los primeros, ha crecido mucho menos de lo que se dice y el precio está plenamente justificado. Para los segundos, ha crecido mucho más de lo que debería y el precio lo pagan justos por pecadores. Entre las muchas disposiciones que resultan de la guerra contra el terrorismo, ninguna medida es tan emblemática como el U.S. Patriot Act o Ley Patriota. Fue aprobada en el Congreso de los Estados Unidos, en octubre de 2001, sin dudas ni murmuraciones; ninguno de los congresistas que convalidaron los deseos de la Casa Blanca leyó las 342 páginas del contenido de la ley.[4] A mediados de 2003, la Cámara de Representantes votó en contra del financiamiento de dos de las muchas provisiones de la ley: las referidas al espionaje contra los hábitos de lectura en las bibliotecas y la potestad de los agentes federales para penetrar en los hogares sin aviso. De ese modo, delató sus cargos de conciencia.

Aunque la votación a propósito de esas dos provisiones quedó pendiente en el Senado, el cambio de actitud mostraba que incluso en tiempos de inseguridad hay en los Estados Unidos un nervio libertario que reacciona contra cualquier aumento del poder que tiene el gobierno para mirar sin ser visto.

Desde el punto de vista latinoamericano, pueden parecer exagerados los escrúpulos. No lo son: el poder de mirar sin ser visto que ha adquirido el gobierno federal de Estados Unidos supone un desafío a la esencia política de ese país. Cuando se acusa al gobierno de practicar una justicia preventiva, una

---

[4] Una malvada escena del documental *Fahrenheit 9/11* de Michael Moore muestra a ciertos congresistas que aluden a la costumbre de muchos legisladores de firmar leyes que no han leído.

invasión de las libertades civiles y la eliminación de los contrapesos, se lo está acusando del peor de todos los crímenes políticos. Una sociedad que se toma muy en serio los principios sobre los cuales fue fundada, aun cuando ellos hayan sido violados muchas veces (y los propios Padres Fundadores lo hicieron al no extender los derechos individuales a los negros), tiene el instinto muy aguzado para detectar desviaciones en el menor detalle. Por eso, tomando muchos riesgos, en los meses posteriores a la aprobación de la Ley Patriota, 160 gobiernos locales y tres estados adoptaron resoluciones en contra de ella.[5]

Es cierto: la legislación provocada por los atentados permite corregir algunos de los entrampamientos burocráticos que hicieron imposible detectar a tiempo la trama de al-Qaeda en Estados Unidos, incluido el sistema de compartimientos estancos de las diversas agencias de seguridad, como la Central Inteligence Agency (CIA) y el Federal Bureau of Investigation (FBI).[6] Pero, como parte de la lucha contra el terrorismo doméstico –que ha segregado un monumental organismo burocrático llamado Department of Homeland Security–, el gobierno federal puede ahora espiar a organizaciones civiles o políticas; los agentes de inteligencia pueden detener ciudadanos; se puede encausar a quienes cuestionen los cateos que el FBI está autorizado a realizar; las autoridades pueden

---

[5] "Congress Uses Scalpel to Cut Up Patriot Act", *San Francisco Chronicle*, 10 de septiembre de 2002.
[6] El informe de la comisión que investigó loa atentados del 11 de septiembre contra las Torres Gemelas y el Pentágono, dado a la publicidad a fines de julio de 2004, describe en detalle los problemas burocráticos que afectan al sistema de inteligencia. National Commission On Terrorist Attacks Upon the United States, *The 9/11 Report: Final Report of the National Commission On Terrorist Attacks Upon The United States*, Nueva York, W.W. Norton, 2002.

confiscar una amplia variedad de documentos, aun si el dueño no es sospechoso de un acto criminal, con sólo advertir a un juez de que "hay una investigación en marcha"; y, con mínima supervisión judicial, la policía federal puede penetrar las comunicaciones electrónicas de cualquiera, y acceder al historial médico de las personas.

Estas disposiciones afectan potencialmente a todos los que estén en suelo estadounidense, pero en el caso de los extranjeros las medidas son más graves. A pesar de que la Constitución garantiza el debido proceso para las "personas" y no sólo para los "ciudadanos", la legislación distingue de forma implacable entre gringos y extranjeros. A estos últimos se los puede detener indefinidamente por períodos renovables de 6 meses, sin intervención judicial alguna (5 mil extranjeros fueron arrestados tras los sucesos de 2001); a los detenidos se los puede condenar en base a pruebas secretas, en tribunales militares (dos de los detenidos en la base de Guantánamo han sido enviados a tribunales militares, mientras que el resto ha quedado confinado sin juicio hasta las calendas griegas).

Todos estos poderes pueden ser eficaces, e incluso razonables, si son empleados con sindéresis. Y pueden ser un infierno para muchos inocentes si se los aplica con imprudencia. La resistencia contra el U.S. Patriot Act bajo la sombrilla de las libertades civiles contiene una sabiduría respecto a lo que es el Estado de Derecho. El día en que la opción entre un acto de justicia y un acto de abuso de poder dependa del gobierno, y sólo de él, habrá muerto eso que llamamos Estados Unidos.

Nada de lo ocurrido hasta ahora puede compararse con los excesos de un gobierno latinoamericano. Pero ¿quién dice que ésa es la vara de medir? En la práctica, la ampliación de los poderes públicos contra la vida privada de las personas ha desbordado el terreno de la ofensiva antiterrorista. Cuando se dota a una autoridad de poderes extraordinarios para perseguir una forma de delito, se le otorgan poderes extraordinarios para perseguir *todos* los delitos (y en la legislación federal hay más de 3 mil delitos tipificados, incluyendo el contrabando, la obscenidad o las drogas[7]).

No fue la falta de leyes para atajar el crimen, ni de poderes para actuar, lo que permitió la masacre del 11 de septiembre de 2001 en Nueva York. Al tiempo que han sufrido derrotas, los terroristas han obtenido una victoria: el aumento de la desconfianza del gobierno hacia el ciudadano, y de éste hacia el gobierno; también, y en especial, el recíproco recelo entre gringos y extranjeros. La nueva legislación otorga al gobierno facultades para fisgonear las cuentas de los extranjeros. Estas facultades están siendo bien utilizadas para perseguir a muchos políticos corruptos de América Latina, pero han generado enorme inseguridad en aquellos latinoamericanos que nada tienen que ver con el delito y simplemente colocaron sus ahorros en Estados Unidos para proteger el fruto de su esfuerzo. El resultado de la desconfianza es el Estado-mirón, que mira sin ser visto: el voyeurismo legal.

Ha ocurrido antes. Durante la Primera Guerra Mundial, la ley Palmer Raids And Espionage prohibió criticar al Ejecutivo. En 1919, tras una serie de bombazos, el gobierno norteamericano usó las leyes de inmigración para acosar a ciertos grupos étnicos. Durante la Segunda Guerra Mundial, 100 mil japoneses residentes en los Estados Unidos fueron confinados en campos de concentración. Las crisis, especialmente las guerras, son las grandes enemigas de las libertades

---

[7] Edwain Meese III, "The Dangerous Federalization of Crime", Stanford, *Hoover Digest*, N° 3, 1999.

civiles. Aun cuando se trató de medidas temporales, una vez que al gobierno se le permitió meter el ojo en la alcoba, nunca lo sacó del todo.

4. *Que Dios te lo pague*

El gobierno de Estados Unidos predica la austeridad fiscal. Ya sea de forma directa o a través de los organismos multilaterales de los que es el principal sostén, sermonea a los países latinoamericanos respecto de la imperiosa necesidad de gastar poco y en ningún caso más de lo que pueden recaudar. Y hace bien. Cuando un gobierno gasta mucho, cobrando impuestos o endeudando al Estado, la gente acaba perdiendo bastante más de lo que gana. Los buenos consejos se agradecen.

El gobierno de los Estados Unidos, sin embargo, desconfía de su propio consejo. Eso no invalida el consejo, pero sí despinta su prestigio allende las fronteras y, lo que no es menos grave, transfiere problemas a los demás países, incluidos los latinoamericanos, que ya tienen suficientes.

Cuando el Presidente George W. Bush asumió la Presidencia, heredó unas cuentas fiscales en azul. No quiere decir que el gobierno gastara poco, pero sí que al menos no gastaba más de lo mucho —demasiado— que recaudaba. Ahora, las cuentas fiscales han pasado a estar de un color carmín. Es cierto: la guerra contra el terrorismo, que no estaba prevista, tiene un costo. Pero esa emergencia no es lo único que ha desorbitado el gasto. El Fisco estadounidense es hoy un caballo desbocado, un trompo que no para de girar y girar, borracho.

No es pequeña la ironía que subyace a tal estado de cosas: los republicanos, que se medirán con los demócratas en las elecciones de noviembre de 2004, son los campeones de la austeridad fiscal; desde hace muchas décadas, su caballito de batalla contra los demócratas –crucifijo con que les apuntan a modo de exorcismo– es la acusación de que éstos gastan demasiado. Tan implacables son en la defensa verbal de la austeridad que, cuando se produjo a comienzos del nuevo milenio la hecatombe de la economía argentina, no quisieron rescatarla con el argumento inobjetable de que la culpa de todo la tenía la irresponsabilidad de los sucesivos gobiernos de Buenos Aires.

Nada más lejos del autor de estos garabatos que la pretensión de pedir a un dirigente político actuar de modo que guarde algún parecido con lo que dice. Sería atentar contra una de las ricas fuentes de entretenimiento que tiene el mundo. Pero como el frenesí fiscal en que se ha sumido el gobierno del imperio norteamericano tendrá consecuencias para todos nosotros, mejor es estar muy atentos a lo que ocurre.

Entre el año 2000 y el 2004, los gastos federales han pasado de representar el 18,5% de todo lo que produce el país, a comprometer el 20,5%. Sin contar el pago de intereses, es decir el gasto financiero, los desembolsos del Tío Sam aumentaron en 94 mil millones de dólares en el año 2000, en 92 mil millones en 2001, en 182 mil millones en 2002, en 173 mil millones en 2003 y en 224 mil millones en 2004.[8] Imagine el lector, si hay espacio en su cabeza para tanto bulto, todo lo que produce el Brasil, ese gigante, en un año. Eso mismo es, centavos más, centavos menos, todo lo que Bush, el austero, ha añadido al gasto público que heredó de su antecesor. El Tío Sam se ha metamorfoseado en Gargantúa.

---

[8] Los presupuestos del gobierno estadounidense desde el año 1996 hasta el 2005 están disponibles en la página web http://www.ppoaccess.gov/usbudget/

Los mayores incrementos –en términos proporcionales– no se han dado en la partida de Defensa y, por tanto, nada tienen que ver con Osama Bin Laden. Por ejemplo, el Departamento de Trabajo, cuya función es, por lo demás, misteriosa, ha casi duplicado su presupuesto; el de Educación ha crecido un 85%. Durante la década de 1990, que incluye los gobiernos de Bush padre y de Bill Clinton, el gasto discrecional, es decir, aquel que depende estrictamente de la voluntad del gobierno, solía aumentar cada año entre 0,5 y 3%. Con el gobierno de George W. Bush, el aumento fue de 13,5% en 2002 y de 9% en 2004.[9]

El despelote fiscal –diría un argentino– es de tal naturaleza que en febrero de 2004 la Casa Blanca presentó un presupuesto que contenía un déficit de 500 mil millones de dólares (todo lo que produce México en un año); al momento de escribirse estas líneas, un par de meses después, la cifra ya alcanza 600 mil millones de dólares (todo lo que produce España).

La causa del desajuste no está, como aúllan algunos críticos, en la reducción de impuestos, por ejemplo al capital, decretados por el gobierno. Al contrario: esa medida ha permitido reanimar la economía estadounidense después de un coma prolongado. El problema está en que olvidaron el endiablado detalle de que si se reduce los impuestos conviene hacerlo también con los gastos. Opuestamente, aun cuando la recuperación productiva ayude al gobierno a recaudar más dinero, el desfase aumentará sin tregua, pues los desembolsos crecen a mayor ritmo que los ingresos.

---

[9] Datos provenientes de la Oficina del Presupuesto del Congreso de Estados Unidos.

Todo esto debería ser motivo para que los latinoamericanos que sienten íntimo rencor por los Estados Unidos se froten las manos (después de todo, ¿a quién no le agrada que a un predicador que nos anda sermoneando todo el día lo pillen en la cama con Belcebú?). Pero las consecuencias del despilfarro a la larga nos afectarán también a nosotros. Si el desbarajuste fuerza un nuevo aumento de las tasas de interés, adicional al que se dio en junio, América Latina –cuya deuda exterior ya se acerca al billón de dólares–[10] se verá con un nudo en el gaznate. Si el crecimiento económico se interrumpe otra vez en Estados Unidos, nuestras exportaciones tendrán menos mercado. Si como resultado del encarecimiento de los costos se retraen las inversiones en ese país, habrá menos dólares dispuestos a viajar en dirección al sur. Y, en cualquier caso, los latinoamericanos reciben decenas de miles de millones de dólares en forma de remesas que envían sus familiares desde Estados Unidos.[11] Imaginemos por un momento que decae la confianza exterior en el imperio y países como China dejan de comprar esos bonos del Tesoro con que Washington cubre sus déficit, algo sobre lo que publicaciones nada sensacionalistas como el semanario *The Economist* han alertado en repetidas ocasiones. La hecatombe afectará a todos los que viven en Estados Unidos, incluidos los que envían dinero a sus parientes al sur del Río Grande.

En plena campaña electoral, los canales de televisión de Estados Unidos están atiborrados de spots publicitarios en

---

[10] No confundir con *one billion* en inglés, que significa mil millones. Un billón es un millón de millones.

[11] Las remesas ya totalizan más de 30 mil millones de dólares. Enrique Iglesias, "Don't Shortchange Latin America's Largest Aid Program", *San Francisco Chronicle*, 1 de mayo de 2003.

los que el gobierno acusa a John Kerry, candidato de los demócratas, de haber sido uno de los senadores más gastadores del país, un verdadero modelo de incontinencia fiscal. Es perfectamente posible que esto sea cierto; pero eso sólo quiere decir que dos competidores que gastan demasiado se acusan mutuamente de gastar demasiado. Estos tiempos de reafirmación de Estados Unidos ante el mundo son también los del crecimiento del poder del Estado.

5. Matando matas

Qué difícil es criticar la guerra contra las drogas (¿por qué toda iniciativa gubernamental acaba convertida en esa horrenda metáfora?) sin que parezca que uno promueve la estupefacción de la humanidad. Sin embargo, ha llegado la hora de preguntarse si este fusil está disparando por el cañón o por la culata, y si su descarga no fulmina tanto a amigos como enemigos. Las relaciones entre América Latina y Estados Unidos están supeditadas a la colaboración que prestemos o dejemos de prestar al esfuerzo por erradicar plantaciones de coca, marihuana y, de un tiempo a esta parte, opio, por desbaratar el procesamiento de la droga y por interrumpir su comercio. Aunque el objetivo final es disminuir o eliminar la venta de estupefacientes dentro de Estados Unidos, buena parte de la ofensiva tiene lugar en América Latina, cuyos gobiernos deben destinar recursos, capital político y energía social a resolver un asunto doméstico de ese país.

Muchas personalidades, instituciones y órganos de opinión del mundo entero nada sospechosos de esnifar otra cosa que oxígeno llevan años expresando su frontal cuestionamiento a un enfoque que es policial y militar, en lugar de social. Pero hasta ahora, a pesar de que las propias instancias del gobierno de Estados Unidos, incluidos la DEA y el FBI, discuten en privado acerca de la conveniencia de proseguir o no por la vía trazada, la política sigue siendo la misma y cada gobierno aprieta más el acelerador. Los políticos, que en muchos casos descreen de la guerra contra las drogas tal como está planteada, suponen olfatear que el público no ha variado sus convicciones a este respecto y que cualquier propuesta de cambio significaría el suicidio electoral.

Desde la Ley Harrison de 1914, que dio origen a la persecución contra el comercio y el consumo de drogas en Estados Unidos, ha pasado tiempo suficiente como para medir el resultado del enfoque policial. Desde entonces hasta hoy, ha habido una sistemática intensificación de la misma política, pasando por el empeño de las décadas de 1930 y 1940 contra la marihuana proveniente de México, por la declaración oficial de "guerra contra las drogas" hecha por Richard Nixon en los años 70 y por la arremetida "ramboesca" de las dos últimas décadas.

¿Cuál ha sido el resultado? En 1914, cuando se vendía cocaína en las tiendas de comestibles, el 1,3% de la población era adicto a ella. En 1979, la proporción de adictos era la misma, y se calcula que hoy sigue siéndolo. Es decir, la política oficial no ha alterado sustancialmente el hábito social.[12]

Aunque la estadística y la ciencia médica indican que el alcohol y el tabaco son más dañinos para la salud que otro

---

[12] Recomiendo, a propósito del fracaso de la guerra contra las drogas, el libro *Bad Neighbor Policy: Washington's Futile War on Drugs in Latin America* de Ted Galen Carpenter (New York: Palgrave Macmillan y Cato Institute, 2003).

tipo de drogas, en la actualidad, más de cien millones de estadounidenses beben alcohol y más de 50 millones consume tabaco sin que les caiga encima el peso de la ley. El factor sanitario, pues, no parece el más solvente para justificar un enfoque represivo. El énfasis en la persecución policial de otras drogas hace que Estados Unidos encarcele, por delitos relacionados con ellas, a 100 mil personas más que las que encarcela la Unión Europea por todos los delitos penados con prisión.[13] Da la impresión de que la política represiva no disuade sino que engendra el delito, y de que convierte la cárcel en un destino más poblado de lo que conviene a una sociedad libre.

No sólo pagan los que van a la cárcel. Pagan todos. El costo de esta política que persigue una actividad menos dañina que otras legales, que coloca entre barrotes a una proporción descomunal de ciudadanos y que no ha podido disminuir el número de adictos en relación con el tamaño de la población, es de 609 dólares por segundo.[14]

El costo mencionado no incluye, desde luego, el que afrontan, por su parte, los países latinoamericanos donde se intenta matar a la criatura antes de que nazca. Pero el dato más importante a tener en cuenta es que el precio del gramo de cocaína –unos cien dólares– no ha subido en el mercado estadounidense, como hubiera debido ocurrir si hubiese tenido éxito el esfuerzo por reducir la oferta. Por tanto, tampoco la dimensión "latinoamericana" de la guerra contra las drogas da resultados a Estados Unidos.

---

[13] John L. Kane, juez de la corte distrital de Denver, Colorado, "The War on Drugs: An Imposible Dream", conferencia ante la Asociación de Gobernadores del Oeste, Arizona, 15 de diciembre de 2000.

[14] Álvaro Vargas Llosa, "Colombia: From Invincibility To Panic", 9 de noviembre de 2003. El artículo está en el sitio web de The Independent Institute: http://www.independent.org

No debe extrañar que la oferta no decaiga considerablemente (salvo en períodos esporádicos dictados por el cambio de hábitos culturales). Cada vez que ha tenido éxito la erradicación forzosa de cultivos en un país, las matas de coca han brincado sin dificultad al país vecino, y después han vuelto a su lugar de origen. Entre 1999 y 2001, se erradicó en Colombia entre un cuarto y un tercio del total de cultivos, cifra notable. Pero las matas que creían haber matado a punta de glifosato (junto con algunos pulmones campesinos y muchos cultivos decentes), liaron bártulos y se fueron a Perú. Después de un tiempo –todos vuelven a la tierra en que nacieron, como dice el vals–, regresaron a Colombia. En Bolivia, donde el Plan Dignidad, financiado por los Estados Unidos, también redujo las plantaciones de coca, el 95% de los cultivos erradicados en el año 2002 eran recientes.

Pero no es sólo este fracaso lo que pone en cuestión el actual enfoque de Washington. Los costos son muy altos para los países afectados. La mejor prueba es el crecimiento de la agitación revolucionaria entre campesinos vinculados a los cultivos de coca, especialmente en Bolivia y, de forma más general, el efecto negativo que tiene para las relaciones con Estados Unidos esta ofensiva contra una actual fuente de subsistencia de muchos latinoamericanos. Como ninguno de los planes de sustitución de cultivos funciona, pues ni el Estado puede financiar todo lo que sí puede el mercado de las drogas, ni tampoco Estados Unidos está dispuesto a subvencionar de forma permanente a los campesinos perjudicados, todo acto de fumigación se entiende como una agresión gratuita, como un acto de hostilidad y no de defensa propia, por parte del gran país consumidor.

El crecimiento del poder de los carteles de la droga tiene mucho que ver con la política que enfatiza el aspecto represivo, como ya había ocurrido en los propios Estados Unidos con el negocio de las destilerías clandestinas durante los años de la Ley Seca. En el caso de países como Colombia y Perú, se da el agravante de que existen movimientos armados que buscan el colapso del sistema democrático por razones ideológicas. Como es natural, ambos tipos de subversión –la terrorista y la mafiosa– han hecho alianza, en Colombia, contra el sistema democrático y contra la ley, lo que potencia enormemente el desafío. No en balde ese país debió dar su nombre a un plan que ya lleva gastados miles de millones de dólares para dar respuesta a la acción violenta de los distintos grupos criminales. El énfasis persecutorio contra los cultivos de coca ha potenciado el negocio de la droga de un modo que finalmente ha repercutido en la amenaza múltiple que se cierne contra la convivencia civilizada en ese país andino y en otros.

Por último, no ayuda al prestigio estadounidense en nuestra región el hecho de que en determinados momentos personajes vinculados al narcotráfico hayan sido empleados, o al menos tolerados, por Washington con el fin de llevar a cabo algún objetivo superior. El caso más célebre es el de Manuel Antonio Noriega, pero hay más recientes, como el de Vladimiro Montesinos en el Perú, que durante los años 90 actuó con el beneplácito de la CIA, pues ésta juzgaba que el propósito de detener a Sendero Luminoso justificaba esporádicas alianzas con productores de la región del valle del Huallaga. Puede que esta política haya sido práctica en un momento dado, pero si Estados Unidos está dispuesto a revisar sus posiciones en el discreto mundo de la praxis debería también, cuando la evidencia de un fracaso es tan notoria, estar dispuesto a discutir la validez de una política que cada gobierno perenniza por inercia, sin dudas ni murmuraciones.

6. *Mal negocio*

En todas partes se cuecen habas. Que América Latina dé muchas veces la impresión de que sólo allí se cuecen habas, no significa que en los países más desarrollados del mundo no ocurra lo mismo. No es una verdad oculta en el fondo del océano el que, para poder prosperar, una sociedad necesita que haya la menor cantidad posible de trabas a la hora de hacer negocios. A condición de que exista un sistema de justicia eficiente que castigue todo negocio que no sea lícito (como el fraude), mientras menos obstáculos haya, mejor negocio para todos. En un mundo cada vez más integrado, a los latinoamericanos nos interesa que Washington practique en casa lo mismo que con frecuencia exige de nuestros gobiernos en relación con las empresas estadounidenses que invierten desde México hasta la Patagonia: un clima de negocios amable. De lo contrario, los latinoamericanos –sean los residentes allí, los visitantes, los que invierten en ese país o los que comercian con él– se ven afectados.

Pero el clima de negocios de Estados Unidos, aun cuando es mucho más seguro y previsible –más amable– que el de América Latina, es menos propicio de lo que fue, por ejemplo, durante el siglo y medio en que ese país pasó a ser una potencia. Si el registro federal que contiene los reglamentos con que el gobierno norma los negocios pequeños y grandes crece demasiado, hacer empresa se vuelve caro y difícil. Si en lugar de ser el sistema de justicia el que se encarga de determinar lo que está bien y lo que está mal, los funcionarios del gobierno resultan decidiendo el quién, el cómo y el cuánto del mundo de los negocios, sólo los poderosos, que por definición tienen capacidad para influir en quienes dictan las reglas del juego, saldrán ganando.

La tendencia de las últimas décadas es mala. En 1950, el registro federal de Estados Unidos era un cuaderno que tenía 9.562 páginas –y ya eran demasiadas–; en 2003, ya sumaba 75.605, y este año superará las 80 mil.[15] Todo tipo de entes burocráticos (especialmente la Agencia de Protección del Medio Ambiente y los Departamentos de Transporte, del Tesoro, de Agricultura y de Interior) complican la vida de quienes quieren hacer empresa. Los distintos gobiernos y ambos partidos comparten responsabilidad. Tanto el Partido Demócrata de John Kerry, que aspira a desbancar a George W. Bush, como el actual gobierno, que se precia de ser el gran amigo de los negocios, practican precisamente aquello que tanto critican –con razón– a los latinoamericanos. El actual Presidente se ha encargado de añadir más de 4 mil reglamentos federales por año a los muchos que heredó, lo que, por supuesto debe sumarse –auténtico laberinto de Creta– a la montaña de normas que dictan los gobiernos estatales y locales de todo el país.

Es frecuente creer que esta intervención afecta sobre todo a los ricos y protege a los pobres, y en verdad, a quien hiere es a estos últimos. Tomemos un ejemplo: el precio de las medicinas (que por lo demás muchos latinoamericanos compran o mandan traer desde los Estados Unidos). La Foot and Drug Administration (FDA), ente que reglamenta la fabricación de medicamentos, se ha encargado de entorpecer tanto esta actividad, que a un fabricante le cuesta 800 millones de dólares desarrollar un producto, hasta el momento en que obtiene la aprobación final para ponerlo en venta.[16] Como sólo una de

---

[15] Clyde Wayne Crews, "Los diez mil mandamientos del gobierno", julio de 2003. El artículo está en la sitio web de la agencia Aipe: http://www.aipenet.com

[16] Merrill Goozner, *The $800 million Pill: The Truth Behind the Cost of New Drugs*, Berkeley: The University of California Press, 2004.

cada 5 mil a 10 mil medicinas investigadas llegan a venderse, y menos de la tercera parte de éstas son rentables, los fabricantes compensan sus costos elevando los precios estratosféricamente. ¿Quién paga el pato? Lo paga la gente común, que no puede curarse de muchas enfermedades porque los medicamentos no están disponibles en el mercado legal, o que cuando accede a determinada medicina que sí lo está, debe afrontar un precio hasta cincuenta por ciento mayor del que se cobra en Canadá o en Europa a pesar de tratarse de un producto estadounidense. En el caso del Lipitor, que ataca el colesterol alto, el precio es superior en un 40% al que se cobra en Canadá.

Cuando se estrenó el gobierno de Bush, la burbuja financiera de los 90 se había deshecho, y con ella la confianza en muchas de las grandes compañías multinacionales cuyas trampas y pases de prestidigitación financieros quedaron al descubierto. Lo lógico hubiera sido dejar en manos de la judicatura el peso de la responsabilidad de purgar el sistema. Después de todo, los delitos no se habían cometido porque estuvieran permitidos: hacer un fraude ya era delito. Sin embargo, a diferencia de lo que ocurría en Estados Unidos en siglos anteriores, cuando las propias instituciones independientes del gobierno se encargaban de resolver las crisis de confianza y los tribunales se ocupaban de castigar las faltas, el poder político decidió responder con una barahúnda de reglamentos burocráticos. Es lógico: a ningún gobierno le interesa que se piense que no reacciona ante una crisis. Pero actuar ante una crisis con incontinencia reglamentarista puede convertirse en un remedio peor que la enfermedad.

A fines de 2001, los escándalos como el de Enron, Arthur Andersen y otras corporaciones emblemáticas llenaban las páginas de los diarios, y la confianza en el mercado de valores estaba por los suelos, lo que amenazaba prolongar la recesión. Los republicanos actuaron como lo hubieran hecho los demócratas, dejándose llevar por la presión pública. El Congreso, a instancias de la Casa Blanca, aprobó la ley Sarbanes-Oxley en aras de bajar los riesgos del sistema capitalista y devolverle la confianza a la gente. El efecto fue exactamente el contrario: entre septiembre de 2001, cuando se desataron muchos de los escándalos, y abril de 2003, los índices bursátiles registran una caída sistemática, que se acelera a partir de la ley. ¿Por qué? Porque en lugar de emprenderla contra el delincuente potencial, la ley atacó al ciudadano emprendedor, aumentando sus costos, criminalizando sus perspectivas, elevando sus riesgos. Basta un indicador que lo dice todo: el seguro por responsabilidad gerencial se elevó en 300% y los costos legales de las empresas subieron también tres veces. En esas condiciones, muchas empresas pequeñas y medianas se abstuvieron de salir a Bolsa. Sólo los poderosos pueden afrontar tantos costos y riesgos.

Como millones de latinoamericanos viven y hacen negocios en Estados Unidos, invierten directa o indirectamente en valores de ese país y comercian con él –y como lo que pase con la economía norteamericana es también el problema de todos nosotros–, el enrarecido clima de negocios nos hace daño. Desde luego, más daño nos hacemos los latinoamericanos mismos con nuestros propios climas de negocios enrarecidos. Pero no estaba en los planes de la lógica que el país que se construyó a lomo de la libertad empresarial y que nos señala con un dedo antipático nuestras verrugas y forúnculos antieconómicos, se dedique a hacer más difícil que antes –léase más elitista– el mundo de sus propios negocios.

7. Fiebre amarilla

La psicosis proteccionista se ha apoderado de la campaña electoral en Estados Unidos. Como durante el período de

George W. Bush se han perdido poco menos de 3 millones de empleos (que han empezado a ser recuperados este año, pero a ritmo lento y algo tarde para las elecciones de noviembre), muchos estadounidenses culpan de sus males a las importaciones extranjeras y al hecho de que tantas empresas norteamericanas contraten servicios en otros lugares. Es exactamente la misma jeremiada que proferimos los latinoamericanos cuando criticamos a Estados Unidos por pretender impulsar el intercambio comercial a través de un Área de Libre Comercio de las Américas.

Ambos partidos –el Republicano y el Demócrata– cojean de la misma pierna. En el 2002, mientras promovía el "libre comercio" en el hemisferio occidental, el gobierno de Bush imponía barreras arancelarias contra el acero proveniente del exterior y decretaba un aumento de la protección a la agricultura de hasta 70% para los próximos diez años; en el 2003 bombardeó a la importación de confecciones chinas –negocio de 500 millones de dólares– con aranceles prohibitivos. Para no hablar de la protección al azúcar, vieja política que se ha mantenido inalterada, o de los impuestos de 25% con que desde hace cuarenta años se castiga el ingreso de camionetas y camiones no pesados, o de muchos otros bienes que no pueden competir en el mercado estadounidense libremente. En el 2003, por primera vez el número de disputas comerciales en que el país acusado es Estados Unidos superó al de aquellas en las que es el país acusador.[17]

En el bando contrario pasa lo mismo. Mientras que John Kerry –rival de Bush en las elecciones de noviembre del 2004–,

---

[17] En la siguiente página web de la sección comercial de la Oficina de Informaciones del gobierno de Estados Unidos figura una lista detallada de las disputas comerciales: http://usinfo.state.gov/ei/economic_issues/wto/trade_disputes.html

votó en el Senado a favor del Tratado de Libre Comercio de Norteamérica cuando estaba de moda hacerlo, y a favor de conceder a China un estatus "normal" –según la misteriosa denominación de uso– en materia de comercio, ahora que necesita el cariño de los electores se ha comprometido a revisar los acuerdos comerciales. Sostiene que ellos no velan por el medio ambiente ni promueven condiciones laborales dignas, pero en realidad a lo que apunta, en contra de sus propios instintos, es a enviar un mensaje proteccionista a esa opinión pública cada vez más suspicaz frente a las bondades del intercambio. Es lo que ha hecho al criticar el TLC con Centroamérica.

Está de moda culpar a China y, en menor medida, a India por la pérdida de empleos. Hace poco se responsabilizaba a México. Y si algún otro país latinoamericano, por ejemplo Brasil, se convierte un día de estos en una significativa fuente de exportaciones al mercado gringo, le ocurrirá lo mismo. Por eso conviene entender la falacia de la fiebre amarilla, esa psicosis que lleva hoy a sectores amplios de la sociedad más poderosa de la tierra a ver a China como un imperio hostil (merece ser incluida en el famoso libro *Extraordinary Popular Delusions and the Madness of Crowds*,[18] en el que Charles Mackay compiló con humor, en el siglo 19, los grandes casos de autoengaño colectivo). Hay hasta doce propuestas de ley en el Congreso estadounidense que pretenden imponer represalias comerciales contra China a menos que revalúe su moneda para encarecer sus exportaciones. Los países capitalistas agitaron durante años ante los ojos chinos los abalorios de la libre empresa. Ahora que ellos les toman

---

[18] Charles Mackay, *Extraordinary Popular Delusions and the Madness of Crowds*, Boston: L.C. Page, 1932 (originalmente publicado en 1841).

la palabra, los capitalistas quieren responder volviéndose socialistas.

China tiene todavía una economía altamente estatizada, pero avanza en algunos sentidos en la buena dirección. Gracias a su crecimiento ha podido aumentar sus importaciones, para beneficio de muchos estadounidenses (y latinoamericanos) que les venden productos. Sólo en el 2003, las importaciones subieron en un 40% en ese país. Es cierto que exporta cada vez más a Estados Unidos, pero la mayor parte de los empleos gringos que se han perdido tiene que ver con rubros –maquinaria, equipos de transporte, dispositivos electrónicos– en los que China ofrece mínima competencia. Gracias a que muchas de las grandes empresas norteamericanas, desde General Motors hasta Dell Computers, han podido instalar sus cadenas en Asia, el capitalismo estadounidense ha podido sobrevivir a la recesión doméstica.

Si el mundo aplicara a Estados Unidos el mismo patrón defensivo que los estadounidenses quieren aplicar al resto del mundo, son éstos quienes saldrían perdiendo. Las compañías de ese país venden cada año al exterior tres veces más servicios de los que contratan o compran fuera de casa. Es decir, el *outsourcing* o "deslocalización" de la que tanto se lamentan los gringos porque supone exportar puestos de trabajo, es su bendición, pues significa que el mundo contrata sus servicios y por tanto les da mucho trabajo. Estados Unidos suministra uno de cada cinco servicios que se contratan fuera de casa en el mundo, superando, por ejemplo, a India, el otro "cuco" de moda, que sólo provee el 1,4% de ellos. Por lo demás, los servicios estadounidenses que emigran a otros países son compensados por la expansión de los que se quedan; en 1999, la industria del software y de las computadoras representaba 278 mil millones de dólares del PBI gringo, y en el 2003, con *outsourcing* y todo, generaba 329 mil millones de dólares, es decir, bastante más.[19] En cierta forma, esto ya se comprobó a lo largo del siglo 19, cuando Inglaterra exportó capital y sin embargo siguió haciéndose próspera. Lo contrario –impedir que el capital busque rentabilidad en el exterior– sólo sirve para que los empresarios se asusten, dejen de invertir y se dediquen a comprar políticos para asegurarse su complicidad. Esta lección debería tenerla en cuenta el candidato demócrata John Kerry, que ha propuesto elevar, por la vía tributaria, el costo del *outsourcing* para las empresas. La forma de evitar que las empresas "deslocalicen" sus operaciones es, por ejemplo, reducir o eliminar esos impuestos a las corporaciones que elevan sus costos un 22%.

Es cierto que los chinos mantienen su moneda devaluada y que dicha política los ayuda a exportar. Pero si alguien se inflige a sí mismo un daño para ofrecer a otro algo bueno y barato, ¿de qué se puede quejar el beneficiado? ¿Hay mejor negocio que ése? Acusar al país exportador de abaratar sus exportaciones es no entender que el gran objetivo del intercambio es comprar bien y a bajo precio. Gracias a las malas políticas chinas bastantes estadounidenses compran buenos productos a precio barato y les sobra dinero para muchas otras cosas. Los chinos, a pesar de todo, no cesan de comprar productos a Estados Unidos y, para colmo, bonos del Tesoro estadounidense. ¿Qué haría el Tío Sam con su déficit si los chinos no compraran sus papeles?

América Latina se queja con sentimiento de los esfuerzos que hace Estados Unidos para crear una vasta zona de libre

---

[19] Dan Griswold, "Why We Have Nothing to Fear From Foreign Outsourcing", *Free Trade Bulletin*, N° 1, marzo de 2000.

comercio en todo el hemisferio (llena de excepciones, fases y trampas). ¿Preferimos un vecino amurallado? Ten cuidado con aquello que deseas –reza el dicho– porque puede cumplirse tu deseo.

8. *El seno musical*

En enero del 2004, un seno femenino (de proporciones más bien comedidas para estos tiempos de inflación mamaria) puso en movimiento los resortes puritanos de la sociedad estadounidense y la vocación de gendarme moral del gobierno más poderoso de la Tierra. En cualquier país europeo, la mama de la cantante Janet Jackson, servida al público durante la presentación con que ella y Justin Timberlake animaron el entretiempo del Super Bowl, el partido final de la liga de fútbol americano, hubiera merecido un olímpico desdén. En América Latina, hubiera valido codas anecdóticas al final de las crónicas sobre el partido más importante del año. En Estados Unidos, tuvo el efecto de un revulsivo nacional; aun hoy, medio año después del destape de marras, motiva proyectos de ley, investigaciones burocráticas y sermones desde el púlpito político.

Desde la perspectiva latinoamericana, ¿qué importa todo esto? El episodio nos permite entender mejor a nuestro vecino y reconvenirlo, en nombre de los ideales que fundaron ese país, por pretender tasajear la libertad en lonjas autónomas. Si se pregona que la intervención del poder en la economía de la gente es un acto de abuso, o que encarcelar a un adversario es una inmoralidad, ¿por qué está permitido que el gobierno use su poder de coacción para determinar lo que es o no lícito en materia de espectáculos? Nos guste o no, los latinoamericanos tenemos a Estados Unidos como referencia principal en asuntos atinentes a la libertad. Por eso es importante, si queremos algún día practicar a fondo la autonomía en nuestras tierras, aprender de la experiencia ajena. Y, en este caso, nos toca ser más papistas que el Papa.

No podemos condenar, desde luego, la opción que tiene cualquier espectador estadounidense de indignarse ante la irrupción de un seno colgante durante un evento deportivo a plena luz del día, ni la que tiene una empresa para retirar anuncios de la cadena CBS en castigo por la agresión anatómica infligida por Jackson a millones de familias durante la transmisión; tampoco es justo cuestionar la libertad que tiene esa misma cadena de establecer un *delay* en futuros programas de entretenimiento para evitar que un exhibicionista abuse de las ventajas de la presentación en vivo, o incluso para demandar a la cantante por incumplimiento de contrato.

La indignación moral es lícita aun cuando es mojigata. Pero como hay muchas formas de entender qué es y qué no es inmoral, conviene evitar que el poder público se arrogue la representación de un solo bando. Lo que desborda el marco de la libertad –y por tanto sí es una imposición indebida al resto de la sociedad– es que el Estado, empleando su poder coactivo, tome represalias como las que tomó luego del incidente, pretendiendo aumentar su rol de gendarme moral.

La Federal Communications Comission (FCC), agencia burocrática creada por F.D. Roosevelt para asignar frecuencias, otorgar y revocar licencias, además de normar todo aquello que tenga que ver con las telecomunicaciones, abrió una investigación contra las partes involucradas. De inmediato inició trámites para cobrar a la CBS una multa de 5,5 millones de dólares y extendió la amenaza de la pesquisa a los productores del evento. Varios funcionarios de esta agencia dejaron entrever por medio de la prensa que estudiarían la posibilidad de revocar la licencia de la cadena televisiva, lo que tuvo consecuencias para sus inversores y para su situación comercial (poco después esa misma agencia arruinó la carrera del procaz presentador Howard Stern, pues Clear Channel, atosigado por ella, debió cancelar su espacio). En perfecta carambola, despertó de su letargo en el Congreso el proyecto de ley –Broadcast Indecency Enforcement Act– que multiplicará por diez las multas con que se pena la "indecencia". Varios funcionarios de la FCC, en alianza con algunos congresistas, aprovecharon la ocasión para presionar a la Cámara de Representantes a fin de que se introduzca en la propuesta de ley la automática revocación de la licencia a cualquier órgano televisivo al que una futura Janet Jackson deje en cueros.

Como toda exageración, ésta tiene un aire cómico. Pero conviene dilucidar lo que hay detrás de ella para entender mejor a Estados Unidos. Los políticos y burócratas que así actúan son republicanos o demócratas del sur del país, que se proclaman defensores de la libertad y vituperan, por ejemplo, a cualquiera que pretenda invadir el libre albedrío de las personas o de las empresas cuando de cuestiones económicas se trata. Los del bando contrario –demócratas del nordeste o de California–, denuncian, por su parte, el oscurantismo puritano de los conservadores y ven en las acciones de la FCC un atentado contra las libertades civiles. Howard Dean, el rival de John Kerry en las elecciones internas del Partido Demócrata, sugirió que para él, en tanto que médico, lo anormal era ver un seno cubierto. El propio Kerry restó dramatismo al episodio y dio muestras de su propio espíritu moderno cuando, en una entrevista con una publicación de masiva circulación juvenil, usó la indecorosa expresión *fuck* para referirse a la política del gobierno de Bush. Sin embargo, estos demócratas que critican el intervencionismo del gobierno en cuestiones de moral pública alientan el intervencionismo en temas económicos. Ninguno de los dos bandos, pues, advierte su propia contradicción.

El único que no se contradice es el propio Estado, siempre metiendo la cuchara donde no debe. La misma FCC que persigue el seno musical de Jackson tiene una larga historia de abuso estatal. Durante años garantizó el monopolio telefónico de AT&T, protegió a las cadenas de televisión de señal abierta impidiendo que las emisoras televisivas por cable ingresaran al mercado, y postergó la aparición de la telefonía celular. Para que la impudicia de Janet Jackson igualara los perjuicios ocasionados por esos privilegios monopolísticos, la muchacha tendría que practicar por lo menos un acto de bestialismo televisado con un rinoceronte en la Oficina Oval de la Casa Blanca.

9. *La migra*

Hay actos ilegales que no se resuelven con la policía. La inmigración no es el único, pero sí el más notable. Todos los países invadidos por inmigrantes que escapan de la desesperanza intentan detenerlos. Pero no pueden. Ni México es capaz de impedir que se cuelen más centroamericanos de los que quisiera, ni Chile logra evitar que tantos peruanos se instalen allí, ni España, al otro lado del Atlántico, consigue librarse de los magrebíes. No sorprende, pues, que la "migra" de Estados Unidos –como ha bautizado la calle a las autoridades que combaten la inmigración ilegal– también se vea impotente ante la avalancha de latinoamericanos que buscan en el norte el cuerno de la abundancia.

Varias razones hacen de la migración latinoamericana hacia Estados Unidos un asunto interno de los países de origen. Las remesas que envían los emigrados anualmente –unos 30 mil millones de dólares– mantienen a muchísimas personas (al menos a 13 millones de mexicanos, por ejemplo). La salida de tantos descontentos alivia en parte la presión social contra los gobiernos de turno. Las comunidades "hispanas" –como se las conoce en Estados Unidos– contribuyen al comercio hemisférico. La influencia política de los inmigrantes, todavía pequeña, salvo en el caso de los cubanos, llegará en algún momento a orientar en parte la política exterior de Washington.

El malestar creciente de ciertos sectores de la sociedad norteamericana tiende a enrarecer el ambiente y puede acabar creando serios conflictos entre un gobierno estadounidense sujeto a presión pública y los países donde se origina la estampida migratoria. ¿Llegará el día en que, así como se nos exige, a un alto costo, arrasar con los cultivos de hoja de coca para evitar que sus derivados acaben alocando las fosas nasales de Estados Unidos, se nos pida tapiar nuestras puertas de salida para que los ciudadanos no puedan emigrar? Aun cuando no se llegue a eso, el sólo hecho de que los inmigrantes ilegales sean perseguidos en Estados Unidos crea tensiones en la opinión pública de los países latinoamericanos, como se ve cada vez que salta a las primeras planas de los diarios algún caso de deportación o maltrato (dicho sea de paso, somos hipócritas cuando criticamos a Estados Unidos por su poca tolerancia para con los inmigrantes ilegales y damos un trato similar o peor a los que tenemos en nuestros propios países).

La antipatía hacia el inmigrante latinoamericano ha llegado a círculos intelectuales sumamente influyentes, como lo demuestra el reciente libro de Samuel Huntington, polémico profesor de la Harvard University, publicado con el significativo título de *Who Are We?* ("¿Quiénes somos?").[20] En él sostiene que, a diferencia de la europea o asiática, la inmigración latina está degradando el tejido cultural de los Estados Unidos y podría desintegrarlo.

Sería infantil no reconocer que cualquier fenómeno migratorio masivo impacta a una sociedad, crea tensiones y fuerza modificaciones, sean sutiles o abruptas, obligando a todos a adaptarse a nuevas realidades (en el caso de Europa, las prácticas de muchos inmigrantes musulmanes alarman a los nativos, lo que ha sido aprovechado por muchas corrientes políticas intolerantes). Este proceso es siempre conflictivo y suscita reacciones agresivas. El bicho humano tiende a desconfiar del que es diferente. Ocurre con los franceses frente a los argelinos, con los alemanes frente a los turcos, con los chilenos frente a los peruanos, con los dominicanos frente a los haitianos. Y, sí, con los gringos frente a los mexicanos.

Pero todo indica que la política represiva ha fracasado. La última vez que se hizo una estimación, se calculó que había unos 7 millones de inmigrantes ilegales. Como han pasado cuatro años desde entonces, y como hasta el año 2000 se calculaba en más de 300 mil el número de inmigrantes ilegales que se iban sumando cada año, es posible que la cifra total bordee en la actualidad los 8 millones de personas, en su gran mayoría mexicanos.[21] El impacto no se siente sólo en California, estado con mayor concentración de inmigrantes

---

[20] Samuel Huntington, *Who Are We?*, New York: Simon & Schuster, 2004.

[21] La organización ambientalista NumbersUSA publica en su sitio web numerosas estadísticas sobre la inmigración: http://www.numbersusa.com

"latinos" –como los llaman los anglosajones–, sino también en lugares como Arizona, Georgia o Carolina del Norte.

Cada vez que disminuye el número de personas en situación de ilegalidad en un estado, aumenta en otro. En los últimos tres meses del 2003 y los primeros tres meses del 2004, se registró una disminución en California, pero, hasta donde pueden determinarse estas cosas, hubo un aumento de 34% en Arizona. Como Estados Unidos no es un país totalitario sino una democracia libre, la capacidad del sistema para dificultar la penetración de "espaldas mojadas" está constantemente sometida a desafíos. Por ejemplo, debido a los muchos vericuetos que permite la ley, durante los años 90 al menos un millón y medio de inmigrantes ilegales se hizo residente con ayuda de su peor enemigo, el mismísimo Servicio de Inmigración y Naturalización, sorprendido por la sagacidad de los aspirantes y sus propias inconsistencias burocráticas.

¿Cuánto daño están haciendo estos aliens, como se los conoce con cinematográfico sentido de las clasificaciones humanas, a Estados Unidos?

Es cierto que muchos inmigrantes latinos no hablan inglés y por tanto la integración cultural se hace bastante más laboriosa. Pero también es cierto que, según el propio Huntington, en Los Angeles, lugar emblemático, sólo el 11,3% de los inmigrantes latinos de segunda generación habla mejor el español que el inglés. En todo caso, buena parte de la culpa de que muchos latinos no hablen dicho idioma la tienen los políticos: pretendiendo conquistar votos, forzaron durante veinte años a las escuelas públicas de California, a costa de los contribuyentes, a sostener una educación bilingüe que en realidad ponía el énfasis en el español.

Sí, los latinos ocupan muchos puestos de trabajo, pero el hecho de que el desempleo sea desde hace tiempo menor en los diez estados con mayor número de inmigrantes que en los diez estados con menor número de ellos indica que no son responsables de la desocupación que sufre un porcentaje de la población estadounidense.[22]

En efecto, muchos inmigrantes no alcanzan el nivel educativo de los europeos que migraron a los Estados Unidos en épocas pasadas. Pero el bajo rendimiento académico y la deserción escolar también se dan, y a niveles embarazosos, entre los propios gringos. Contando a estos últimos, que son mayoría, el 30% de los estudiantes de California abandona la escuela antes de tiempo. Mucho más preparados están esos miles de inmigrantes asiáticos que tanto han contribuido a la revolución informática desde Sillicon Valley.

Sí, California ha perdido empleos en los últimos años, pero la causa ha sido el agobiante clima antiempresarial creado por la política del gobernador que antecedió a Arnold Schwarzenegger, quien fue el responsable de una estampida de empresas hacia otros estados como Nevada y Arizona (dicho sea de paso, a pesar de que Terminator se opuso a las licencias de conducir para inmigrantes ilegales, dos tercios de los latinos votaron por él en las elecciones).

Nadie duda de que las bandas –o "gangas", como se llaman a sí mismas– de gamberros latinos han proliferado en ciertos lugares. Pero los inmigrantes cometen muchos menos crímenes que la población nativa. Si el índice de criminalidad de los estadounidenses oriundos fuese similar al de los inmigrantes, el número de presidiarios bajaría en un tercio en todo el país.

---

[22] Alex Tabarrok, "Economic and Moral Factors in Favor of Open Immigration", conferencia ante el Congreso de Debates Estudiantiles de Santa Clara, 14 de septiembre de 2000. El texto figura en el sitio web http://www.independent.org

Sería tonto no reconocer que muchos de los llamados "espaldas mojadas" se cuelan en Estados Unidos atraídos por el asistencialismo, es decir, por la perspectiva de vivir de los demás gracias a la redistribución implícita en los programas del Estado. Pero la culpa la tiene el sistema asistencialista de *welfare* –o, al menos, la tenía, pues ha ido siendo reformado desde mediados de los años 90. En todo caso, el número de gringos que abusan del sistema supera al de los latinos. Cualquiera que se acerque a San Francisco verá que la inmensa mayoría de mendigos y limosneros son rubios en perfecta edad de trabajar, y no inmigrantes cobrizos. Estos últimos, en lugar de aprovechar el asistencialismo de esa generosa ciudad, hacen posible una abundante agricultura californiana que da de comer al resto del país.

A pesar de la "migra", llegará el día en que el hemisferio occidental vea un libre tránsito de personas además de bienes y capitales, y en que, como ocurría en siglos pasados –por ejemplo, en Europa–, sea posible viajar sin el insulto de un pasaporte.

10. Al sur de mí, el bochinche

Como sabe todo aquel que se haya interesado un poco por la historia latinoamericana, en 1812, en los tempranos días de las luchas independentistas, al ser arrestado en La Guaira por Simón Bolívar tras la capitulación acordada con los españoles, Francisco de Miranda exclamó: "¡Bochinche, bochinche! ¡Aquí no saben hacer nada sino bochinche!". El venezolano se refería en particular al desmadre de los primeros esfuerzos independentistas, pero sus palabras se leen hoy como una profecía acerca de las repúblicas latinoamericanas.

La sensación que da la política exterior estadounidense en su apartado latinoamericano es que opina de nosotros lo mismo que Miranda. Aunque el Presidente George W. Bush anunció, al estrenarse su gobierno, que América Latina sería la región preferencial de su política exterior, en los hechos acabó siendo la última rueda del coche. La razón es una mezcla de desdén porque, en efecto, somos poco más que fuente constante de bochinche, y de despreocupación porque el mismo no alcanza a representar una amenaza terrorista o nuclear.

Hay dos razones por las que este menosprecio no es prudente. La primera: mientras continúe el bochinche, la inmigración ilegal seguirá colándose por las fronteras estadounidenses. La segunda: entre todas las regiones alejadas del ideal democrático-liberal que Estados Unidos promueve para que el mundo sea menos inseguro, América Latina es aquélla donde el progreso podría darse con más rapidez.

No niego con esto que la responsabilidad principal de nuestro bochinche le corresponda a la propia América Latina. Al contrario, sería una ilusión tonta creer que Estados Unidos nos sacará de una condición de la que hasta ahora nos hemos negado a sacarnos a nosotros mismos. No necesitamos más ayuda exterior –que bastante más daño que bien ha hecho–, ni más mangoneo, que nos quita la alfombra debajo de los pies a quienes admiramos a Estados Unidos y pretendemos defender el valor de la libertad. De lo que se trata es de que esa nación no ejerza ninguna forma de autoritarismo internacional y de que haga lo más posible por facilitar el libre tránsito de personas, ideas, bienes y capitales. Así, las respectivas sociedades aprenderán a la larga a conocerse y confiar más entre sí y sus relaciones no pasarán tanto por la política. Pero, para llegar a ese fin es preciso –paradójicamente– que Estados Unidos no ninguneé a América Latina. De lo contrario, la inercia burocrática de las malas políticas continuará sin que ningún líder político las modifique o mejore y, lo que es peor, Washington se verá de tanto en tanto sorprendido por esas periódicas crisis del bochinche latinoamericano ante las que acaba reaccionando sin mucha sindéresis.

Salvo algunos tratados de libre comercio (que contienen todavía muchas excepciones importantes o calendarios dilatados), el mensaje desde Washington ha sido poco alentador en estos últimos años. Un dato lo grafica todo: mientras el presupuesto de política exterior de Estados Unidos para el período 2004-2005, unos 31 mil millones de dólares, ha crecido un 11% respecto del ejercicio anterior, su capítulo latinoamericano es el único que se ha encogido. No se me malinterprete: no pido más dinero y más burócratas norteamericanos. Dios nos libre de ambas cosas. Sólo ilustro el asunto de las prioridades. El Presidente Bush llegó al poder ofreciendo a Vicente Fox una decisión casi equivalente a la legalización de los inmigrantes indocumentados y, a comienzos del 2004, su secretario de Estado, Colin Powell, debió admitir en una sesión del Congreso que América Latina había dejado de ser una prioridad.

Insisto en que no debemos pedir a Estados Unidos que nos "rescate" de nuestra propia culpa. Por doloroso que fuera, hizo bien Paul O'Neill, secretario del Tesoro entre 2001 y 2003, cuando dijo a los argentinos que eran responsables de su propio descalabro e intentó detener la costumbre de los organismos multilaterales de sacarnos las castañas del fuego cada vez que los latinoamericanos escogemos meternos en un embrollo financiero (luego cambió de posición para evitar el colapso brasileño, respaldando el rescate de 30 mil millones de dólares propiciado por el Fondo Monetario Internacional). Es posible que la condescendencia nos haya hecho tanto daño como el imperialismo. Pero, para tomar algunas decisiones que están pendientes en favor de la paz y el libre intercambio –y revertir políticas contraproducentes que se mantienen por inercia burocrática–, Estados Unidos debe prestarle atención al bochinche. Así evitará potenciarlo. En la medida en que más regiones del mundo se sumen a la familia de las democracias liberales prósperas, Estados Unidos se sentirá menos aislado. Precisamente porque Washington cree, desde los atentados del 11 de septiembre, que lo único que garantizará su seguridad en el futuro será la proliferación de democracias liberales, debe tratar de prestigiar esa causa al sur de sus fronteras. La reciente decisión de fotografiar y tomar la huella dactilar a todo extranjero que pise la tierra de Jefferson y Madison no ayuda a prestigiarla.

Segunda parte

LOS NEOPOPULISTAS

11. *Nunca se fue*

El desafío más importante que enfrenta la izquierda latinoamericana no tiene que ver con sus adversarios sino con sus
propios correligionarios. Su problema no es el liberalismo: es
lo que, utilizando esa curiosa fórmula que consiste en ador-
nar con un coqueto prefijo una antigua doctrina política, podríamos llamar el neopopulismo. Ese desafío es tanto más
urgente cuanto que, en muchos países latinoamericanos, la
izquierda se encuentra de regreso en el poder, y allí donde
no lo está, podría estarlo pronto. Muchos de los dogmas que
poblaron esta región en décadas pasadas se niegan a jubilar-
se del todo. Nuevos actores, corrientes y estados de ánimo
les han dado últimamente el beso de la vida. La izquierda
"carnívora", rediviva, le gana espacios a la "vegetariana", a
diferencia de lo ocurrido en Europa y otras partes.

En un libro publicado hace algunos años, un grupo de
polemistas bautizamos con el helénico apelativo de "perfecto idiota latinoamericano" al personaje –los personajes– que
encarnan el populismo. Era una provocadora llamada de

atención (que, dicho sea de paso, nos infligimos los autores también a nosotros mismos); además, era un guiño de ojo a la antigua Atenas, donde los "idiotas" estaban excluidos de la asamblea democrática por considerarse que su ignorancia, que es lo que esa palabra significaba entonces, así lo aconsejaba. Nuestra convocatoria era exactamente la contraria: una invitación al "idiota" a participar de esa discusión sin inhibiciones ni censuras a fin de que nuestra clase intelectual y nuestros dirigentes políticos, todavía bajo el embrujo populista, hicieran en estas comarcas lo que sus pares habían hecho, o hacían entonces, en otras partes, del Reino Unido a Nueva Zelanda.

Está claro hoy que, tras muchas de las insuficiencias, los errores o los abusos de la década mal llamada "neoliberal" de los años 90, el populismo ha regresado con fuerza de maelström. En verdad, nunca se fue. Forzado por el descalabro de fines de los 80, bajo rumas de papel moneda inservible que dejaron a los ciudadanos más pelados que Ronaldo y abrieron agujeros negros que se devoraban los recursos del Estado y por tanto de la sociedad, el populismo debió replegarse. Pero en algunos casos, disfrazado de derecha, siguió operando a través de los gobiernos privatizadores o liberalizadores, y en otros se mantuvo, agazapado, a la espera de su nueva oportunidad. La década que transitamos representa esa nueva oportunidad aun cuando algunos de los peores excesos de los 80 todavía no han regresado del todo.

El populismo no es un monopolio de la izquierda. Lo hubo en Carlos Salinas, en México, en Carlos Menem, en Argentina, y en Alberto Fujimori, en Perú en los años 90. Todos ellos gastaron ingentes cantidades de dinero público, se endeudaron sin miedo, practicaron el clientelismo, administraron estructuras autoritarias de poder y pusieron sus respectivas popularidades y voluntades por encima de las instituciones permanentes. En el caso de Argentina, para poner un solo ejemplo, mientras que la economía creció 40% durante los 90, el gasto del Estado aumentó en 100%.[23] Por eso sería un acto de ceguera histórica creer que los 90 vieron la desaparición del populismo. Lo que vieron fue su permanencia bajo otros ropajes y otras características, sin que ello signifique que muchos de sus rasgos anteriores no fueron corregidos. Pero esta década, desde México hasta Argentina, ha dado pie, como reacción a los años 90, a un populismo, gubernamental u opositor, mucho más parecido al de los años 70 y 80.

La razón es simple: además de que eran prematuras las noticias de su fallecimiento y las reformas de los 90 fueron incapaces de vacunar a la sociedad contra él, facilitando el acceso masivo de la gente pobre a la propiedad y el capital, el espantoso saldo social que arrojan los últimos tiempos resulta un paraíso para todo populista. Las economías crecieron, pero no tanto como para que esa bonanza alegrara los bolsillos humildes; a millones de trabajadores que perdieron la protección de la empresa pública los eludió el encanto de la privada; la insuficiente seguridad jurídica de nuestros países, en un contexto mundial en el que los capitales se habían pillado los dedos en muchas partes, impidió que la inversión se multiplicara, y con ella la creación de pequeñas, medianas y grandes oportunidades. No debe extrañar que todo eso haya terminado colocado bajo el rótulo demoníaco de "neoliberalismo" y que los populistas preconicen de nuevo los dogmas del peor pasado ante multitudes que no siempre tienen la memoria fresca respecto de los horrores de la hiperinflación,

---

[23] Hay una magnífica radiografía del Estado argentino en el libro colectivo *Soluciones de políticas públicas para un país en crisis* (Buenos Aires: Fundación Atlas, 2003).

de la escasez y de la explotación que suponía el viejo sistema para quienes no merodeaban alrededor del poder.

El Partido de la Revolución Democrática, que podría ser el próximo gobierno de México y hoy controla esa mega-lópolis que es la capital, los gobiernos de Hugo Chávez, en Venezuela, y de Néstor Kirchner, en Argentina, un sector considerable del Partido de los Trabajadores que gobierna Brasil, el expectante Partido Aprista Peruano (y parte del go-bernante partido de Alejandro Toledo), el determinante Evo Morales en Bolivia y el favorito Tabaré Vázquez en Uruguay, son algunos ejemplos de populismo de izquierda redivivo. Para no hablar de Fidel Castro, especimen de distinta natu-raleza que monopoliza desde hace 45 años el poder y sigue sin perder las buenas costumbres, como lo atestiguan los tres fusilamientos y 75 encarcelamientos de opositores y pe-riodistas independientes a comienzos del 2003, justificados con este arrebato de nostalgia digno de un culebrón de Delia Fiallo: "Habíamos establecido una moratoria que duraba ya casi tres años".[24]

Para esa otra izquierda –por ejemplo, la de Ricardo Lagos en Chile– que avanza muy por delante en el calendario de la sensatez, el desafío de estos primos hermanos incómodos es de primera magnitud. A ellos está dedicada esta segunda parte del libro.

12. Venezuela: la silla vacía de Bolívar

El escritor inglés Horace Walpole incorporó la palabra *se-rendipity* al idioma inglés después de leer, deslumbrado, el

---

[24] "Era una cuestión de vida o muerte", entrevista a Fidel Castro, *Página 12*. Buenos Aires, 12 de mayo de 2003.

cuento persa "Los tres príncipes de Serendip", cuyos protagonistas, curiosos y sagaces, descubrían por casualidad cosas muy interesantes pero distintas de aquellas que en principio buscaban. La palabra, que es también el nombre de aquel reino, quedó en inglés como expresión de un hallazgo feliz y casual.

Propongo que en castellano incorporemos una expresión que signifique exactamente lo contrario. Necesitamos algo más preciso que "Frankenstein", pues, aunque se emplea para señalar una creación que causa una ruina no prevista, ese nombre evoca a un creador megalómano y genial que hacía experimentos tétricos. La palabra que necesitamos está en la Venezuela actual. Se trata de un pueblo que en 1998 sale en busca de algo tan normal como librarse de los políticos que durante cuarenta años han empobrecido su país, prodigio de riqueza natural, mientras ellos y sus socios empresariales han gozado la buena vida. Y lo que ese pueblo descubre no es aquello que busca sino una pesadilla: Hugo Chávez Frías. Un *chavazgo* sería, así, un hallazgo casual y terrible tras una búsqueda inofensiva.

Los venezolanos estaban hartos de la república que se conoce como la era del "puntofijismo" por los acuerdos de Punto Fijo que en 1958 hicieron posible cuatro décadas de democracia ininterrumpida. Habían sido cuarenta años de democracia, sí, pero también de erosión de la bonanza asociada a la "Venezuela saudí", a medida que se concentraban las oportunidades en un mundillo hecho de enjuagues mercantilistas entre los sucesivos gobiernos y los empresarios afines. Por eso, en diciembre de 1998, una abrumadora mayoría de votantes llevó al poder a Chávez, desoyendo la advertencia de que ese redentor podría acabar siendo él mismo irredimible.

Sus credenciales sugerían peligro. Nada en la infancia de este hijo de maestros de escuela del estado de Barinas prefiguraba a un energúmeno político. Su posterior carrera militar (se graduó en 1975) fue más bien exitosa. Pero ya en 1982 asoma un rasgo inquietante: forma al interior del ejército el Movimiento Bolivariano Revolucionario 200, en alusión al bicentenario de Simón Bolívar. El soldado quiere hacer política estando en actividad y tiende hacia ese cóctel revolucionario-nacionalista que ha indigestado con frecuencia el organismo latinoamericano. Cuando en 1992, siendo jefe de la brigada de paracaidistas de Maracay, protagoniza una intentona golpista contra Carlos Andrés Pérez, lo que ve la gente de a pie no es el clásico cuartelazo, sino una reivindicación popular contra el sistema que los gobierna (provocada por el ajuste de precios que sobrevino a la ficción controlista).

Cuando, dos años después, el presidente Rafael Caldera, sucesor de Pérez, lo suelta de la cárcel y lo pasa a retiro, Chávez entra en campaña, convirtiendo su antiguo Movimiento Bolivariano Revolucionario 200 en el Movimiento Quinta República. El caudillo zambo-mestizo expresa la ira popular contra la clase dirigente, propugna un nacionalismo bolivariano con muchos símbolos y pocas ideas, pero se cuida de perfilar una ideología totalitaria. Cualquiera que hubiese recorrido Caracas en 1998 tratando de advertir a los venezolanos del peligro que encerraba el teniente coronel parlanchín hubiera sido despreciado como un crápula del viejo orden. Así llegó a Presidente.

Algunos de los primeros periodistas que entrevistan a Chávez en el Palacio de Miraflores cuentan que el Presidente coloca una silla vacía junto a él. "Es para Bolívar", informa a sus interlocutores con el gesto severo de un nigromante. Bajo ese reconfortante estado anímico, convoca referéndums y rehace la Constitución, y en el año 2000, bajo un nuevo texto fundamental que alarga el período presidencial como una liga elástica y permite la reelección, se hace votar Presidente de nuevo, pero esta vez de un país al que le ha cambiado el nombre: República Bolivariana de Venezuela. Cualquier parecido con los viejos caudillos decimonónicos de América es mera coincidencia (sólo falta que, como el mexicano Santa Anna, entierre en loor de multitud la pierna perdida en una guerra). Aunque la participación en esta vorágine electoral siempre es menor al 50%, gana todas las consultas con porcentajes de delirio.

Nadie podrá decir que no cumplió su promesa: había prometido fundar su propia república y había asumido el mando jurando sobre una "Constitución moribunda". También había profesado una beatería turífera por Fidel Castro y expresado simpatía por los terroristas colombianos del Ejército de Liberación Nacional. La penetración de agentes cubanos, bajo los atuendos del intercambio cultural y la asesoría médica, es flagrante. Lo ayudan a montar sistemas de vigilancia institucional y regimentación social. Sabiéndose dueño de casi todos los resortes del poder político, incluido el nuevo Congreso, procede en el 2001 a la captura del poder económico mediante lo que se conoce como "La Habilitante": un conjunto de 49 decretos-ley que dan un zarpazo a la noción de propiedad privada en todas las esferas, incluida la tierra agrícola y la inversión extranjera.

Sólo entonces los venezolanos reaccionan como un resorte, escandalizados por la deriva totalitaria del régimen. En diciembre del 2001 salió la oposición a las calles por primera vez en un paro masivo convocado por los empresarios de Fedecámaras y los sindicalistas, en alianza con los viejos partidos democráticos. Estuve en Caracas en aquellos días y recuerdo haber pensado: "Al menos ustedes no han esperado una década para reaccionar, como ocurrió en el Perú". Pero los opositores todavía suscitan en un sector de la población, en especial la de los "ranchos" tugurizados de pobreza, la memoria del pasado. Desde entonces hasta hoy, Venezuela no ha vivido para otra cosa que para el pulso entre un Chávez que dejó de lado toda pretensión democrática –las posaderas imaginarias de Bolívar cedieron la silla vacía a las muy abrumadoras de Fidel Castro– y una oposición que ha luchado a brazo partido para revocar el mandato de su gobernante.

A Chávez lo ayudó tener todavía a su favor la emoción de al menos un tercio del pueblo, un sistema de intimidación y regimentación inspirado en el cubano aunque no haya podido extenderse a todas partes, y el petróleo, que aporta el 80% de las exportaciones del país, 40% de presupuesto nacional y más de la cuarta parte del PBI. El oro negro sostuvo a la república "puntofijista"; el oro negro ha sostenido en estos años a la "Quinta República", habiéndole permitido a su líder volcar un gasto social clientelista en los "ranchos" mediante una red de "misiones".

También fortaleció al Presidente, en los últimos dos años, el caricatural episodio de abril del 2002, cuando, al producirse una fractura en el estamento militar, Chávez fue apartado del poder por apenas 48 horas: la torpeza de la oposición, encarnada en el empresario Pedro Carmona, que se arrogó todas las prerrogativas presidenciales olvidándose de cualquier procedimiento constitucional, permitió al chavismo reagruparse y devolver a su líder a Palacio. La oposición pasó todo el 2002 abatida por su derrota y pérdida de legitimidad, en medio del escarnio internacional provocado por lo que había empezado como una lícita resistencia de clases medias y acabado pareciéndose al clásico golpe oligárquico latinoamericano con Washington actuando de titiritero. En el 2003, los adversarios del gobierno recuperaron ánimo y energía, pero no necesariamente lucidez estratégica, como lo demostró la fallida huelga petrolera. Para entonces, Chávez, que había hecho las purgas de rigor, tenía el control total de las Fuerzas Armadas. Sin embargo, su hazaña no fue ésa, sino provocar una caída de dos dígitos en el PBI venezolano y hundir al país en un mundo que es difícil seguir llamando "tercero".

Mientras tanto, no dejó de ofrecer a los venezolanos el martirio incesante de su programa *Aló, Presidente*, única institución previsible de Venezuela. La enjundia verbal de Chávez ha avasallado, en estas parodias de sí mismo, a instituciones e individuos que han osado discrepar de él. El suyo ha sido el gobierno más salival de América del Sur.

El descaro presidencial y la violencia empleada contra la oposición –incluyendo matanzas en la Plaza Francia y durante una marcha masiva hacia el Palacio de Miraflores, y constantes ataques con turbas armadas contra opositores y periodistas–, forzó a la comunidad internacional a inmiscuirse más en Venezuela. El grupo de Países Amigos de Venezuela –Estados Unidos, Brasil, México, Chile, España y Portugal– amagó de tanto en tanto alguna reprimenda y la Organización de Estados Americanos, que no puede ser acusada de haber resuelto crisis alguna porque no está concebida para ello, se puede felicitar, junto con el Centro Carter, de haber obtenido de Chávez el referéndum revocatorio realizado en agosto de este año.

Alguna vez, en las combustibles discusiones en torno a la situación peruana en tiempos de Fujimori, oí decir a César Gaviria: "Por su naturaleza, la OEA siempre tiende a apoyar a los gobiernos". En ningún caso Chávez hubiera entrado en razón ante la presión diplomática de los países latinoamericanos, y la solución a un conflicto como éste sólo puede ser interna. Pero, sin intervenciones armadas, los gobiernos latinoamericanos tienen formas de expresar su solidaridad con quienes buscan darle a ese país una salida cortés. Después de todo, lavarse las manos no es lavarse las manos: es

71

contribuir a que el ejemplo venezolano tarde o temprano cunda. Veremos si los latinoamericanos tienen esto presente ante lo que pueda ocurrir en estos meses cruciales tras el reciente referéndum.

Los venezolanos creyeron que con Chávez decían adiós a la república "puntofijista", pero acabaron atrapados en ella, en versión lumpen. Fueron en busca del futuro y les salió al encuentro lo peor de su pasado. Un verdadero *chavazgo*.

13. *Argentina: que se vayan todos (y regresen)*

La frase reverberó por todo el continente, atrapando en cuatro palabras el espíritu de los tiempos que corren. Ella resumía la repulsa civil contra la clase política: "Que se vayan todos". Eran los días posteriores al colapso del gobierno de Fernando de la Rúa, que trajeron una sucesión vertiginosa de Presidentes y, finalmente, bajo el mando interino de Eduardo Duhalde, la convocatoria anticipada de las elecciones generales para abril del 2003. Las calles estaban tomadas por los "piqueteros", el fenómeno social de la nueva década.[25] En una sola cosa estaban de acuerdo los argentinos de izquierda, centro y derecha: "Que se vayan todos". Un grito prístino, con resonancias adánicas, de un país que quería empezar de nuevo, reinventar el mundo: "Que se vayan todos". En esos días, todos fuimos argentinos. Su rabia contra los parásitos y depredadores de la clase política latinoamericana era también la nuestra.

---

[25] En el sitio web http://www.libertaddigital.es hay una interesante serie de artículos del periodista Rubén Loza sobre el fenómeno de los "piqueteros".

Y he aquí que, en pleno 2004, tenemos Presidente peronista: el partido que arruinó el siglo 20 argentino. Fue limpia-
mente elegido en el 2003 y, por ahora, las masas lo quieren.
Lo llaman "Lupín", por el personaje del tebeo, ya que, como
a él, le falta garbo y le sobra nariz, pero no es su aspecto lo
que lo hace querido, sino su estilo populista.

Nadie conocía a Néstor Kirchner fuera de su provincia
cuando Duhalde lo apadrinó en la campaña que le disputó a
un Carlos Menem resurrecto, pero su perfil es tan tradicional
que para cualquier hogar argentino debe ser como si hubiera
cenado en casa toda la vida. Su historia es intercambiable
con la de muchos políticos de la izquierda argentina. En los
años 60 fue miembro de la Juventud Peronista, placenta de
la que nacieron movimientos subversivos. A mediados de los
años 70, le quita algo de punta al estilete de su beligerancia y
se refugia en la abogacía, donde sobrevive a la dictadura. En
los 80, empieza su carrera pública en Santa Cruz; en los 90,
forma parte de ese sector peronista que desconfía de las reformas de Menem y se agazapa a la espera de la resaca contra
el "neoliberalismo" para tomar el control del partido y devol-
verlo a su raíz. Como todo antimenemista, es duhaldista, la
facción enemiga.

Su gestión provincial se caracteriza por una fuerte inversión pública, el clientelismo político y aires autoritarios, lo
mismo ante los medios de comunicación que ante los jueces
provinciales. Gracias a las regalías del petróleo, es eficiente
en el manejo de la cuenta fiscal, lo que quiere decir que el
gobierno de Santa Cruz pesa demasiado pero no está desfi-
nanciado.

Su gestión presidencial es ahora una proyección de su
gestión en la provincia: voluntarismo político a costa de instituciones, incandescencia verbal calculada, fe en el Estado
como dinamo del desarrollo, sin descuidar, al mismo tiempo,

los esfuerzos por evitar la hiperinflación de antaño. Ya liberado de la sombra de Duhalde, no hay día en que el Presidente no arremeta contra algún grupo o institución. En nombre de impecables causas –castigar a los responsables de las violaciones de los derechos humanos, enviar a la cárcel a los corruptos de la década pasada, "desmenemizar" la justicia– ha convertido la Presidencia en un tribunal de emergencia. Su prédica contra la globalización y el capitalismo expresa bien la tendencia contemporánea. Las librerías de Buenos Aires exhiben con orgullo los libros de Noam Chomsky, símbolo de los globalifóbicos; los liberales han quedado confinados en centros de estudio y ciertas esquinas periodísticas. El que saca mucho la cabeza, la pierde.

Kirchner es moderado en comparación con Hugo Chávez, dicen los entusiastas pensantes. Eso es cierto. Pero el problema no está en si es moderado o radical, pues si fuera un reformista radical empeñado en corregir su herencia –siempre que fuera también respetuoso de las formas–, Argentina no tendría nada que temer. El problema está en que no tiene del todo claro qué ha fallado en su país en los últimos años, es decir, el porqué de la hecatombe 2001-2003. Por tanto, lo que está haciendo es añadir, desde su relativa moderación, nuevas capas de politización, o sea, de estatismo, a una sociedad altamente politizada, es decir, estatizada (entendiendo por "politizada" una sociedad en la que la interferencia de la *polis* en la vida diaria es excesiva). Y su pasividad tolerante frente al sector más violento de la izquierda, vinculado al fenómeno de los "piqueteros", ha empezado a erosionar la confianza de la clase media en el gobierno.

La década de los 90, aunque abrió en parte la economía, fue en muchos sentidos estatista: transfirió activos a la empresa privada, pero introdujo la perfidia de la intromisión política en espacios que debieron quedar reservados a los ciudadanos. Las privatizaciones crearon monopolios. Los entes reguladores pasaron a ser las nuevas empresas públicas. El Mercosur hizo rebrotar barreras arancelarias donde ya no las había, o impulsó las que estaban en retirada (la protección aumentó en 7 de cada 10 capítulos arancelarios[26]). Etcétera.

Todo esto hizo crisis durante el gobierno de Fernando de la Rúa, que administró una herencia envenenada sin reformar nada y preservó la ilusión de la "convertibilidad", que hacía del peso argentino un sosias mentiroso del dólar. La cesación de pagos –y de su gobierno– bajó bruscamente a Argentina del pedestal en que la habían colocado los extranjeros incautos.

Lo que vino después fue la pauperización de los argentinos, que hace un siglo conformaban una de las diez naciones más prósperas de la Tierra, y un aumento de la delincuencia homicida (se ha multiplicado por tres en los últimos años). A la devaluación del peso –y del país–, siguió la expropiación de los ahorros de la gente, mediante el "corralito", metáfora perfecta para resumir la claustrofobia implícita en la medida sin escapatoria que se dio bajo los sucesores peronistas de Fernando de la Rúa. La herencia que cae sobre Kirchner en el 2003 se resume así: para recuperar el nivel económico de 1998, la Argentina tendrá que crecer un 7% cada año, durante los próximos diez.

Lo que recibe el Presidente argentino no es, pues, un desecho liberal, sino un país aturdido de interferencias estatales, en el que sólo ganan quienes están cerca del poder político. Solía decirse: "Dios ayuda a todos, mas atiende en Buenos

---

[26] Guillermo Yeats, "El liberalismo no fracasó; nunca se aplicó", sitio web de la Fundación Atlas (Argentina): http://www.atlas.org.ar

Aires". Ahora atiende en la Casa Rosada, tal es el voluntarismo presidencial.

El éxito o fracaso de Kirchner sólo podrá medirse en función de si empieza o no a conjurar esta trama de vieja data que inmoviliza la fuerza creadora de los argentinos. No es su moderación relativa frente a un Chávez ni tampoco el hecho de que no genere la inflación que solemos asociar a los viejos populistas, lo que definirá su Presidencia. Más bien, su decisión de revertir el rumbo, o de preservarlo mientras dice que hace lo contrario.

Por lo pronto, existe una recuperación importante: la economía está creciendo a un ritmo de casi 11%. Pero el repunte no está basado en reformas, y por tanto en un aumento considerable de la inversión privada, única que multiplica empresas, trabajos, riqueza. Está basado en el hecho de que, gracias a la devaluación, el país ha exportado más soja, trigo, petróleo y materias primas industriales, y atraído más turistas. También en un capital que estaba ocioso, acumulado desde los años 90 (época en que llovieron sobre la Argentina más de 100 mil millones de dólares de inversión exterior).

Desde luego, algo tendrá que ver la confianza con la mejora que se está registrando; sin embargo, no es una confianza que se haya traducido en un importante aumento de la inversión privada. Lo que ha habido es un apogeo de la obra pública. Su costo asciende, en una primera etapa, a unos 1.600 millones de dólares, pero aspira, con rooseveltiano ímpetu, a los 3 mil millones de dólares. Junto a esta orientación presupuestívora que succiona recursos de una sociedad a la que no le sobran, el Presidente ha preservado dos elementos de la peor herencia estatista: el no reconocimiento de la deuda del Estado con los argentinos (a diferencia de la deuda con el FMI, que paga puntualmente a pesar de los alardes operáticos) y una estructura de control de tarifas que en lugar de proteger al consumidor ha disminuido la oferta de servicios elementales.

En cuanto a la deuda: Kirchner sabe que no puede incumplir los pagos al FMI. Su país y Brasil suman casi la mitad de la cartera activa del FMI en el mundo, por lo que el "mundo" no se puede dar el lujo de una cesación de pagos por ese lado.[27] En cambio, los ciudadanos de a pie, que tienen sus pensiones invertidas en bonos del Estado, no pueden defenderse. A ellos Kirchner les ha ofrecido devolverles sólo el 25% de la deuda privada. ¿Quién confía en un Estado como ése?

En cuanto a las tarifas controladas: a fines del primer trimestre del 2004 colapsó el suministro de energía. El efecto fue internacional, pues Argentina debió incumplir los compromisos de suministro de gas natural a países vecinos como Chile y Uruguay. En lugar de acabar con un sistema de control de tarifas que impedía a las empresas ser rentables y ampliar sus servicios para adecuarse al aumento de la demanda provocado por el crecimiento económico, el gobierno de Kirchner había optado por seguir metiendo la mano política donde no se debía. La perforación de pozos cayó 75%. ¿Sorprende que la luz se apagara?

Una recuperación que depende del consumo de capital antiguo y de las bendiciones efímeras y contradictorias de una devaluación, no ofrece futuro. Sólo un aumento sostenido del capital puede lograr eso. Y la condición es lo contrario de lo que hoy ocurre: seguridad jurídica, protección de la propiedad, libertad de contrato entre quienes ofrecen algo y

---

[27] Alejandro A. Tagliavini, "El mesianismo de Lula y Kirchner", sitio web http://www.aipenet.com, abril de 2004.

quienes lo demandan. En cualquier otro escenario hace un frío patagónico.

14. Bolivia: el soroche y la gloria

Evo Morales es la máxima celebridad internacional de Bolivia. Su proeza consiste en haber impedido que el gas natural de su país pueda exportarse, a través de puertos chilenos, a los Estados Unidos y a México. Y, desde luego, en haber liquidado al gobierno de "Goni" Sánchez de Lozada, que pretendía tamaña insolencia. Con ese trofeo de guerra en su haber –la cabeza del cara-pálida Sánchez de Lozada–, el aymara Morales pasó de ser el líder cocalero que había hecho de su partido, el MAS, la segunda fuerza del país, a convertirse en un Presidente putativo.

Su mensaje de reivindicación de los pueblos indígenas y de rencor contra el capitalismo explotador ha conmovido hasta los huesos a los bienpensantes de la humanidad. Entrevistar a Morales, o visitarlo, es una forma de peregrinación. Ha superado, como destino turístico, a la selva Lacandona, hogar de los zapatistas. Hubiera sido el modelo perfecto para una de esas novelas románticas, llenas de mala conciencia, de Chateaubriand.

Ocurre –si se me permite pinchar globos por unos minutos– que el dirigente cocalero confunde la raíz de la pobreza de los suyos (pobreza que no es un invento sino una verdad monumental que abriga –desabriga– a siete de cada diez bolivianos). La miseria en que nació y se crió Morales no es hija del capital sino de la falta de capital. Aunque la reforma agraria de 1953, en plena era revolucionaria, fue menos burocratizante que en otras partes, ella impidió que la tierra prosperase. El que muchos campesinos pudieran quedarse con pequeñas parcelas de propiedad privada en lugar de que todo fuese capturado por cooperativas al mando del Estado, ayudó a inmunizar a muchos bolivianos del campo contra el marxismo. Pero los obstáculos contra el desarrollo de esas propiedades y las limitaciones a la creación de un mercado dinámico impidieron la inversión y la economía de escala, condenando a muchos al minifundio. Bolivia dejó de producir alimentos suficientes y debió pasar a importarlos.

El resultado es la pobreza en la que nació Evo Morales en la comunidad aymara de Isallavi, en Oruro, de donde tuvo que emigrar porque la siembra de papas nunca permitió a su familia salir adelante (perdió cuatro hermanos, lo que no es infrecuente en el mundo de la miseria). Cuando intentó asentarse en los valles de los Yungas, cerca de La Paz, tampoco pudo encontrar destino en la agricultura, pues la tierra no era asequible. Terminó en el único lugar donde el campo era rentable: el Chapare. La hoja de coca le permitió sobrevivir, como a tantos cocaleros, gracias a un cultivo cuyo destino no es siempre el champú, la pasta de dientes y los medicamentos. La política represiva contra la coca, que facilita el surgimiento de imperios multinacionales porque ha convertido a esa planta en el negocio más atractivo del mundo, ha hecho que miles de campesinos encuentren allí la renta que los elude en otra parte. Con el tiempo, también ha permitido al jefe del Consejo Andino de Productores de Coca, Evo Morales, el estrellato, y a su país, estrellarse.

El susodicho nunca extrajo las conclusiones adecuadas de su propia historia. Atribuyó la condición de su país al expolio extranjero e hizo de la prédica contra la libertad económica una jeremiada rentable. Si no entendió por qué la agricultura era un fracaso, menos podía entender lo que pasaba con las minas. Buena parte del siglo 20 fue una lucha entre gobiernos que querían, muy tímidamente, atraer la inversión extranjera y quienes, desde la Central Obrera Boliviana –legendario sindicato capitaneado durante muchos años por Juan Lechín, un hombre con pinta de actor de Hollywood–, lo impidieron. Sí, es cierto que la Colonia y la temprana república habían concentrado la riqueza en pocas manos y discriminado a los indígenas, pero hacer de ese pasado inicuo el pretexto para repudiar la inversión privada no era corregir el pasado sino desbaratar el futuro. Los trogloditas bolivianos se hacían eco de los brasileños que en el siglo 19 se rebelaron contra el sistema métrico decimal y otros espantos de la modernidad.

La naturaleza boliviana nunca se dio por vencida ante tanto odio contra el progreso. Cuando se secaron la minas de estaño, apareció el gas natural. Tanto gas natural (hay reservas de unos 52 billones de pies cúbicos, aunque sólo 27 billones ya comprobados[28]) que basta para suministrar energía barata al país durante siglos y exportar, al mismo tiempo, enormes cantidades (al actual ritmo de consumo, esas reservas alcanzarían para 1.400 años).

Evo Morales y otro líder populista, Felipe Quispe, capitoste de la Confederación Sindical de Trabajadores Campesinos de Bolivia, decidieron entrar en acción. Quispe filosofó: "¿Qué tenemos que perder si ya lo perdimos todo?". Y lo que ambos decidieron hacer fue embestir al progreso. Hubieran podido dirigir su considerable talento movilizador para corregir lo que anda mal. Por ejemplo, el intervencionismo burocrático por el que establecer una pequeña empresa requiere 20 trámites, toma más de 82 días y cuesta tres veces el PBI per cápita; también una legislación que hace carísimo

---

[28] "Indican reservas de gas boliviano para 570 años", *Los Tiempos de Cochabamba*, 25 de junio de 2004.

contratar a un trabajador, o los privilegios monopolísticos que impiden una sana competencia en áreas importantes de la economía. Es decir, Morales y Quispe hubieran podido dedicarse a exigir del gobierno de turno profundizar y acelerar las insuficientes y contradictorias reformas de los años 90; pero prefirieron solevantar a las masas que bajaban desde El Alto hacia La Paz, para acabar con la inversión extranjera y el gobierno de Sánchez de Lozada.

¿Cuál había sido el crimen? La pretensión de que, a cambio de 500 millones de dólares anuales de royalty para Bolivia, un consorcio en el que estaban las compañías Pacific LNG y Repsol exportara gas natural a través de puertos chilenos. Agitando el viejo tema de la mediterraneidad, herida que no cierra a pesar de que Bolivia perdió su salida al mar hace más de un siglo por razones que algo tuvieron que ver con la imprudencia de sus dirigentes de entonces, los agitadores lograron frustrar el proyecto, bloqueando la mediterraneidad del gas, que ahora queda confinado en el país a cambio de nada.

El 17 de octubre del 2003, cayó "Goni" Sánchez de Lozada: había intentado reprimir una sublevación que no podía ni debía ser atacada desde la fuerza bruta. Debió abordar un avión a Miami para no ser empalado en la plaza pública. Los triunfantes demagogos no se estuvieron quietos. Morales amenazó con interrumpir el comercio con Chile, lo que no hubiera perjudicado a este país sino a Bolivia, pues el 37% de sus importaciones pasan por aquél,[29] que, además, es para sus productos un destino equivalente en importancia al de todos los países europeos juntos. Felizmente, Chile se tomó estos alardes antediluvianos con filosofía y

---

[29] Alejandro A. Tagliavini, "Bolivia que se convierta en Suiza, no en Haití", sitio web http://www.aipenet.com, febrero de 2004.

mantuvo la política que facilita a los bolivianos un amplio acceso comercial.

Sin darse cuenta, o quizás todo lo contrario, Bolivia se empezó a parecer a *Nostromo*, la famosa novela de Joseph Conrad, como lo recordaba el analista Mark Falcoff, del American Enterprise Institute. La novela cuenta la historia de un país latinoamericano ficticio, Costaguana, en el que un general se rebela contra la explotación extranjera de una mina de plata. El conflicto desemboca en que la provincia donde están los yacimientos se separa del resto del país. En Bolivia, no pocos habitantes de Tarija, donde está ubicada la gran reserva de gas natural, y de la moderna Santa Cruz, expresaron en los días tumultuosos de la guerra del gas el deseo de independizarse de la parte andina, tiranizada por los enemigos de la libertad, atacados de gloria y soroche. Eso mismo sugirió, hace poco, sin decirlo exactamente así, una reina de belleza cruceña.

Evo Morales cuenta que de chiquito recogía las cáscaras de naranja que tiraban los pasajeros. Ahora otros tendrán que recoger la amargura que irán destilando esas cáscaras detrás suyo.

15. Mesa servida

Nada hacía prever que Carlos Mesa, el elegante historiador y periodista que rehuía actos sociales y no levantaba la voz (a menos que se tratara de su tema favorito: el fútbol), mudaría en un turbulento agitador de masas y pasiones fronterizas. Cuando me entrevistó en Lima, en los días de la segunda vuelta electoral de la última campaña presidencial peruana, me pareció un raro especimen: entrevistador informado, respetuoso y gentil. Confieso con rubor que no adiviné en sus formas exquisitas a la fiera política que gobierna Bolivia.

La supo hacer bien: cuando sintió que Sánchez de Lozada, de quien era vicepresidente, olía a muerto, se acomodó al costado; cuando su jefe finalmente cayó, se ubicó al frente, y el 17 de octubre del 2003, se puso la banda presidencial. Pasó a ser, de carambola, la cabeza de la revolución indígena contra la "entrega" del gas, que era en verdad una revolución contra todo lo que él mismo, disciplinado subalterno, había avalado durante la gestión –trunca– de su jefe. Sólo el dominicano Joaquín Balaguer, que pasó de ser hombre de Trujillo a Presidente eterno de la democracia, había logrado tantas proezas itinerantes en las últimas décadas (en cicunstancias no comparables).

En lugar de implantar la república socialista que sus aliados hubieran querido, Mesa ha evitado más excesos fiscales de los heredados y no ha procedido a nacionalizar empresas, todo lo cual ha sido bendecido por el FMI. A cambio, ha llevado a cabo un referéndum de cinco preguntas sobre el gas, del que ha salido airoso y que le ha otorgado, aunque con un alto índice de rechazo, el poder de usarlo como arma de presión sobre Chile para negociar una eventual salida soberana al Pacífico y de comercializar el excedente tras la industrialización del recurso natural en el propio país (las preguntas que otorgan al Estado la propiedad del subsuelo y otras formas de intervención han recibido un respaldo bastante más abrumador). Mesa también ha anunciado una asamblea constituyente, lo que permitirá ir modificando el modelo de sociedad en el sentido que dictan los tiempos destemplados, sin que parezca que el Presidente es el responsable directo. ¿Y cómo ha logrado que la batalla campal que acabó con 80 muertos y deshizo al gobierno anterior, del que había sido parte, mude en un proceso de elegancia principesca hacia los objetivos dictados por Morales y compañía? La respuesta es un trabalenguas: mediterraneidad.

Súbitamente, Mesa ha desviado hacia una desembocadura internacional el caudal torrentoso de la ira popular que amenazaba con anegar a su propio gobierno después de haber anegado al anterior. Ahora, el pueblo boliviano se muestra menos impaciente con el calendario prudente de Mesa en materias domésticas y ya no le exige con la misma virulencia que en los primeros días el asalto inmediato a todos los signos de capitalismo explotador, es decir, la revolución socialista. Con exquisito cálculo, el historiador ha ganado el tiempo necesario para consolidarse recurriendo a la historia. ¿Hay causa más propicia para un aspirante a caudillo que una herida histórica?

A lo largo de su medio año de gobierno, Mesa ha paseado su alargada figura e ilustrada lengua por el continente, vituperando a Chile y exigiendo para su país una salida soberana al Pacífico. En una cumbre hemisférica llevada a cabo en Monterrey, llegó a cruzar espadas verbales con el Presidente Ricardo Lagos. Ha advertido a Argentina, en plena crisis energética, que sólo exportará gas natural a ese destino con la condición de que "ni una molécula" sea vendida a Chile. El discurso oficial cosquillea con perversa eficacia al antichileno que todo boliviano lleva dentro. Para picar a su vecino, algunos miembros del gobierno de La Paz dejan entrever, de tanto en tanto, que podrían exportar el gas por el puerto peruano de Ilo[30] ...

---

[30] El 4 de agosto de 2004 se firmó en Lima una "carta de intenciones" para abrir una negociación a fin de que el gas boliviano salga por un puerto peruano hacia América del Norte. Es una negociación todavía incierta, pues la inversión no depende del gobierno de Bolivia sino de las empresas energéticas privadas, que han expresado su rechazo a la idea de exportar por un puerto peruano en vista de que los costos son altos y de las incertidumbres jurídicas y políticas que presenta dicho país. Está también por verse si las condiciones que fije Perú para evitar que el gas boliviano compita con su propia exportación gasífera serán aceptables para un público boliviano altamente suspicaz respecto de la comercialización de este recurso natural.

a menos que Santiago ceda en el tema de la mediterraneidad (saben bien que no hay un exportador dispuesto a ello, pues el consorcio internacional renunció de entrada a esa alternativa por ser mil millones de dólares más cara, y que los habitantes de Tarija, donde se concentra el gas, también se oponen a esa fórmula). Chile ha pasado a ser la coartada del subdesarrollo boliviano.

Mesa y los suyos no ignoran que Suiza, sin acceso al mar, tiene un ingreso per cápita de casi 40 mil dólares, ochenta veces superior al de Haití, país empapado por el Atlántico y el Caribe. Saben, asimismo, que Bolivia ha tenido amplio acceso a los puertos chilenos y no ha sido capaz, por obra de su clase política, de ejercer un comercio más dinámico con el mundo.

¿Significa esto que Bolivia debería renunciar a su reclamo? Significa que si quiere seguir haciéndolo, debe canalizarlo por la vía diplomática, con inteligencia y cordura, sin perder de vista varios factores: todas las partes de un conflicto histórico suelen tener alguna responsabilidad y en este caso, Bolivia la tiene; un país no debe hipotecar nunca su futuro a un imposible, como lo es la reescritura de la historia, y, por último, es posible que el avance de la libertad acabe difuminando las fronteras entre Chile, Bolivia y el Perú, y una mañana de éstas Mesa se despierte sin causa. Para un país ofendido nada es más ofensivo, a la larga, que un dirigente civil empeñado en que lo siga estando. América Latina tiene antigua experiencia en la materia.

Si de historia se trata, los chilenos pueden argumentar tantas cosas como los bolivianos. Así como hay documentos del siglo 16 que indican que Chile terminaba antes del punto que Bolivia reclama como suyo, también los hay que señalan la continuidad territorial entre Chile y la Audiencia de Lima, es decir, que Charcas no metía la nariz por el medio.

La Audiencia de Charcas no tuvo nunca un puerto: por eso Bolívar le entregó la caleta de Cobija tras la independencia (no deja de ser una ironía deliciosa que los modernos antiimperialistas bolivianos invoquen documentos del siglo 16 relativos a la delimitación de la Audiencia de Charcas, hija del imperialismo español contra los Evo Morales de entonces).

El resto de la historia tampoco da toda la razón y nada más que la razón a Bolivia. En 1866, ambos países, mediante un tratado, fijan la frontera en el paralelo 24, estableciendo que la zona situada entre los paralelos 23 y 25 sería explotada de forma conjunta, pero en 1874 Chile renuncia a la zona situada al norte del paralelo 24 a cambio de que Bolivia congele los impuestos que pagan sus inversiones en ese territorio. Y es Bolivia quien pocos años después incumple el acuerdo, al subir en 10 centavos el impuesto por cada quintal de salitre y amenazar con apoderarse de los activos de la salitrera chilena.

Es cierto: Chile se apoderó de territorios ajenos, incluida parte de Perú, país que fue arrastrado al conflicto por su pacto con Bolivia. Pero no es menos cierto que una buena cantidad de la culpa recae sobre los politicastros que gobernaban Bolivia y que envidiaban la pujanza de los chilenos que habitaban Antofagasta. Provocar guerras es exponerse a abusos de la parte contraria y abrir heridas que nunca cierran porque nuevos politicastros se encargan de echar sal sobre ellas. ¿Qué país de América no tiene algún reclamo? La historia es una bárbara secuencia de arbitrariedades nacidas de la codicia. Sólo los países que saben superarlas, prosperan.

¿Significa esto que Chile no debería hacer ninguna concesión? Lo ha intentado. En 1975, en los famosos tratos de Charaña, ofreció a Bolivia un corredor al norte de Arica a cambio de un trozo de territorio boliviano. Pero Perú, que en virtud de un tratado de 1929 tiene la última palabra sobre cualquier acuerdo que se haga en base a territorios que fueron suyos antes de la guerra, se opuso. Tampoco prosperó la propuesta boliviana de 1987 por la cual Bolivia se hubiera hecho con un corredor contiguo a la Línea de La Concordia (que fija frontera con el Perú) a cambio de recursos hidráulicos y combustibles. Y, según reveló el gobierno de Ricardo Lagos recientemente, durante el gobierno de Sánchez de Lozada hubo contactos secretos para buscar una fórmula.

Ésa, y no la paparruchada demagógica, es la forma de proceder.

16. *Ecuador: quito y pongo*

También en el Ecuador el indigenismo –que no es lo mismo que decir: los indígenas– quita y pone Presidentes. El indigenismo ideológico no se ha enterado de que América Latina forma parte de Occidente y de que los pueblos autóctonos, cada vez que pueden tomar decisiones en libertad, optan por la creatividad, la propiedad, el intercambio y la convivencia pacífica, como se puede comprobar en los mercados andinos y las aldeas rurales, y también en esa cultura, surgida de la migración del campo a la ciudad, que ha poblado las urbes de empresarios y trabajadores informales. Pero los indigenistas se quedarían sin empleo si aceptaran que no es necesario enemistarse con la modernidad ni acaracolarse dentro de una concha para valorar el pasado o practicar una cultura vernácula, y que hay revanchas históricas que dañan más al ofendido que al ofensor.

Los sucesos de los últimos años en el Ecuador muestran el absurdo al que puede conducir un indigenismo que hace cualquier cosa menos corregir los abusos que han sufrido secularmente los indígenas. En enero del año 2000 fue derrocado Jamil Mahuad, un Presidente sin pena ni gloria que, ante una hecatome financiera de su autoría, había tomado, cediendo a las presiones de un sector considerable de la opinión enterada, una decisión más o menos razonable: el reemplazo de la moneda local por el dólar. De inmediato, la tremebunda Confederación de Nacionalidades Indígenas del Ecuador (Conaie), dirigida por el quechua Antonio Vargas, se alzó contra el gobierno. Surgió en el acto un "Parlamento Nacional de los Pueblos del Ecuador". El Presidente llamó a la tropa para reprimir las manifestaciones, pero se dio con la sorpresa de que el coronel Lucio Gutiérrez, pieza de su estrategia defensiva, ofrecía a los insurgentes cocinas militares móviles. Poco después, el alzamiento de los indígenas acabó en el más colonial de los golpes, cuando el jefe de la Conaie, un juez, y el coronel Lucio Gutiérrez se declararon "gobierno de salvación nacional".

Los militares "leales" a la Constitución dieron un golpe a los golpistas, y de paso desembarcaron a Mahuad para siempre. Su lugar lo ocupó otro vicepresidente latinoamericano que supo caer de pie: Gustavo Noboa. Todo resultó una arlequinada, pues el nuevo gobierno mantuvo la "dolarización", causa del alzamiento y del (doble) golpe. Los indígenas movilizados por los indigenistas habían terminado trabajando para los poderes fácticos más rancios.

La figura de Lucio Gutiérrez, como había ocurrido en Venezuela con Chávez, se metió al bolsillo el corazón de la gente. Salió de prisión tras cuatro meses y, coligado con la Conaie, se encargó de trabajar al susto al gobierno vigente cada vez que pretendía tomar una medida impopular (por ejemplo, el aumento de las tarifas), con lo que Noboa casi no tomó ninguna. En octubre del 2002, aliado con los indigenistas y con partidos de izquierda como Pachacutik, el MPD (marxista-leninista) y la Unión Nacional de Educadores (sindicato de maestros bajo dirigencia comunista), irrumpió en la primera vuelta de las elecciones presidenciales con ímpetu de caudillo inevitable. Su discurso ofreció la mayor concentración de supersticiones ideológicas por metro cuadrado que haya registrado la política andina en buen tiempo. Sus allegados hablaron de establecer asambleas populares, lo que erizó la piel de quienes recordaban un levantamiento de 1990 en el que muchos mestizos fueron sacados de sus propiedades a la bruta.

Pocas semanas después, Lucio derrotó a Álvaro Noboa (no confundir con Gustavo), un magnate del banano que era el perfecto rival para un coronel indigenista en la segunda vuelta.

Ocurrió entonces –y el fenómeno continúa hasta hoy– lo que podríamos llamar la adecuación política de Gutiérrez. Sus instintos y convicciones siguieron siendo los mismos, pero su inteligencia le indicó que no podría sobrevivir mucho tiempo si hacía lo mismo que Hugo Chávez en Venezuela (con quien compartía una intensa pasión bolivariana). Se declaró "cristiano", alabó la "propiedad privada" y se casó con el dólar como moneda oficial. Lo que le interesaba era ser Presidente, no la inmediata revolución indigenista. Ésta había sido condición indispensable para llegar a las puertas del Estado. Estando ya bajo el dintel, debía medir tiempos, maniobrar y hacer concesiones, si quería entrar y sobrevivir como gobernante. Una vez más, los indígenas habían trabajado, sin quererlo, para los poderes fácticos, que en esta oportunidad se llamaban Lucio Gutiérrez.

No debe sorprender la astucia del Presidente. Este coronel que tiene 47 años en la actualidad cargaba en la cabeza más mundo del que le gustaba aparentar en campaña. Ingeniero de profesión, tenía algún roce internacional por sus estancias breves en Brasil y Estados Unidos, además de haber formado parte del grupo de observadores de las Naciones Unidas que verificó el desarme de los "contras" nicaragüenses. Entendía bien cómo dosificar las imprudencias para no exponer mucho el pellejo. Por eso, en contra de sus propios instintos, apoyó la base estadounidense de Mantua, el dólar y la disciplina fiscal, súcubos contra los que poco antes bramaba. Con apenas 13% de la representación parlamentaria, era muy consciente de que su cabeza pendía de los partidos tradicionales (y de que en los últimos diez años ningún gobernante pudo terminar su mandato: él mismo, como edecán de Abdalá Bucaram y coronel en tiempos de Mahuad, había ayudado a dar un empujoncito a algunos de los mandatarios).

El resultado de este caracoleo político sólo podía ser la desmitificación de Lucio. Desmitificación a un tiempo ética —los escándalos de corrupción o, al menos, asociaciones indebidas, están a la orden del día— y política —la apuesta por dejar las cosas como estaban ha alimentado las frustraciones sociales. Las fuerzas que Lucio desató se volvieron contra él, y allí sobrevive a duras penas, con 15% de aprobación en las encuestas y pedidos cotidianos para que dimita. La Conaie y el indigenismo ecuatoriano, que siguen siendo determinantes, ahora piden su cabeza.

Es una buena cosa que Lucio no haya cumplido sus compromisos antediluvianos. Pero el resultado sigue siendo trágico: Ecuador, que no había hecho reformas significativas en los años 90, sólo podía empezar a aplacar las exigencias populares con un aumento de la inversión privada, algo que no ha existido. La mera disciplina fiscal, sin el complemento de una reforma que logre abrir las compuertas de la inversión, se vuelve un aliciente, por las demandas sociales frustradas, para nuevas aventuras populistas. ¿De qué le ha servido al Ecuador obtener 2.300 millones de dólares por su petróleo el año pasado? A ese 60% de la población en estado de pobreza, de nada. Es decir, las cosas siguen tan mal como estaban. El vicepresidente Alfredo Palacio, crítico de su propio gobierno, dijo que la situación era "un cuarto de terror de Edgar Allan Poe: tiene un piso que va subiendo y un techo que va bajando, y va a triturarnos".[31] Aunque su receta es un palacio, en lugar de un cuarto, de terror (más gasto estatal), la frase es perfecta para ilustrar lo que ocurre cuando se azuza el populismo a sabiendas de que no es viable, y luego se opta por no hacer reformas para que el populismo no se lo coma a uno.

En los últimos años, el indigenismo ha servido para quitar y poner gobiernos, de modo que todos los gobiernos sigan siendo el mismo.

17. Perú: fusiles étnicos

Ninguno de los movimientos indigenistas antes descritos llega a los extremos a los que llega el "etnocacerismo", surgido en el Perú tras la caída de Alberto Fujimori. Su contribución a la vida política latinoamericana promete ser fulminante, pues pasa por fusilar a buena parte de la clase dirigente, cuya corrupción es culpable del hundimiento general. También promete la "peruanización" de todas las empresas ("El Estado tiene que ser como un padre"), el desquite frente a Chile por la guerra que ganó al Perú y la legalización de la coca. Lo dirige un ex mayor, Antauro Humala, que a fines del año 2000 protagonizó con su hermano, el ex teniente coronel Ollanta Humala, un levantamiento contra Fujimori en el sur del país.

---

[31] "Comienza plan de lucha social para destitución de Gutiérrez", despacho de la agencia EFE, 15 de abril de 2004.

En esa ocasión que los lanzó a la fama, ambos partieron del Fuerte Arica hacia un conocido campamento minero. Durante un largo recorrido por partes de Tacna y Moquegua, a medida que iban quedando reducidos a apenas seis personas por deserción de los reservistas que los habían secundado inicialmente, despertaron el entusiasmo popular. Fujimori fugó poco después al Japón, no precisamente por ellos.

Acabaron siendo amnistiados por el gobierno interino del Presidente Valentín Paniagua y, aunque luego el Presidente Toledo, para evitar un fenómeno político, despachó a Ollanta a París como agregado militar (y más tarde a Seúl), el etnocacerismo irrumpió en la vida nacional de la mano de Antauro, el brioso hermano menor. Su pasquín, que reparten batallones de reservistas en Lima y en el sur, cuesta un sol y ha alcanzado una difusión de cien mil ejemplares. Algunos centenares de jóvenes arrastrados por el mensaje apocalíptico del líder se han organizado en células de quince miembros que recorren el país anunciando la refundación de la república (y alguna que otra rubia otoñal ha hecho las veces de puente con sectores acomodados para dulcificar su imagen, llevándolo, además, acenar a restaurantes de lujo: si uno va a aniquilar a la oligarquía es mejor conocerla por dentro).

En su discurso, palpita el resentimiento social. Lo expresa así Isaac Humala, padre de Antauro y Ollanta, creador del Centro de Estudios Etnogeopolíticos del que se desprende el etnocacerismo: "Somos racistas, por supuesto. De las cuatro razas que existen en el mundo, la cobriza es la marginada. Nosotros la reivindicamos".[32] Los etnocaceristas utilizan

---

[32] Marco Sifuentes, "El regreso de los Humala", sitio web http://www.agenciaperu.com, 20 de octubre de 2002.

cierta simbología quechua para legitimar su causa, y se dicen seguidores de Manco Cápac, mítico fundador del incario.

Pero hay también una efusión nacionalista y militarista que hace del rencor contra Chile un eficaz revulsivo psicosocial: de allí la palabra "etnocacerismo", inspirada en Andrés Avelino Cáceres, el héroe que dirigió una campaña guerrillera en los Andes contra la invasión chilena cuando la clase dirigente peruana ya estaba derrotada.

No es difícil despertar la suspicacia de los peruanos contra Chile, pues ella, en el mejor de los casos, duerme esporádicas siestas de sueño muy ligero. Y menos cuando en los últimos años el vecino del sur ha ido prosperando y fortaleciendo, gracias a su relativa riqueza, un Estado –y por tanto un Ejército– incomparablemente más tonificados que los de Perú, víctimas de un acentuado escorbuto (Chile produce, por habitante, dos veces lo que produce Perú). La renovación constante del armamento chileno (por un promedio de 250 millones de dólares anuales durante los años 90 y 270 millones anuales en esta década[33]) es un blanco perfecto de la campaña antichilena de los "etnocaceristas", como lo son las "depredadoras" empresas del vecino país que invierten en Perú. Se añade a este potaje un ingrediente más. Se trata de un reclamo que data de los años 70, pues fue originalmente planteado por militares del régimen dictatorial de entonces y luego asumido por la cancillería de forma oficial, y que coloca sobre el gobierno de Lima una presión con aires de chantaje: la delimitación de la frontera marítima con Chile. La tesis sostiene que dicha frontera no está fijada de forma definitiva, pues los documentos de 1952 y 1954

---

[33] El gasto de Defensa se divide entre el dinero destinado a las tres armas y al ministerio de Defensa (75%), y los fondos de la Ley de Defensa del Cobre destinados a la compra de armas y equipamiento.

que se suelen invocar en relación con esta materia, firmados por Chile, Perú y Ecuador, apuntaban más bien a la soberanía sobre las 200 millas y a la protección de los recursos pesqueros en la zona. Así, la frontera marítima no debería definirse, como ocurre en la actualidad, en base a los paralelos geográficos, sino a partir de una línea equidistante con respecto a los puntos desde los cuales se miden los respectivos mares territoriales. Esta fórmula –que la Convención del Mar recomienda universalmente aunque deja las puertas abiertas para que los países negocien otras distintas– otorgaría al Perú 34 mil kilómetros cuadrados adicionales de mar territorial, con abundancia de jurel, anchoveta, merluza y minerales. El reclamo ha prendido en toda la clase política, de modo que cualquier actitud con respecto a Chile que no sea confrontacional resulta denunciada por entreguista y antipatriótica. Nadie, en los años 90, cuando la dictadura peruana hizo acuerdos con Chile y Ecuador para dejar atrás viejas cuentas, se acordó de la frontera marítima. Hoy, bajo un gobierno débil, ella domina el debate, a modo de presión sobre Palacio. Es también, en su significado más amplio, una reconfortante coartada para justificar el subdesarrollo peruano. No hay duda de que una línea equidistante sería más conveniente para Perú, pero esa discusión, que debería ser jurídica y podría eventualmente resolverse en instancias jurisdiccionales o ser materia de serenas conversaciones diplomáticas, se ha vuelto un elemento demagógico que envenena las relaciones (y, por supuesto, da argumentos a quienes en Chile sostienen posiciones más defensivas contra los vecinos andinos). El siglo 21 no es el de la fijación de fronteras, sino el de su apertura y hasta eliminación.

No resulta difícil imaginar a un militar chileno agitando un titular de la prensa peruana con las frases tremebundas del "etnocacerismo" (y de los locuaces ex generales de la dictadura de los 70) ante las pupilas espantadas de cualquier civil que se atreviese en Santiago a considerar el congelamiento del gasto militar. Lo único que ha generado el alboroto antichileno al otro lado de la frontera es un robustecimiento aún mayor del Ejército chileno, que sigue actualizando su armamento y enviando a sus vecinos la señal de que mantiene una estrategia de consolidación geopolítica, con el guiño de los Estados Unidos. Tratándose de un Ejército tradicionalmente vencedor, su fortaleza despierta recelos en la opinión pública de Perú más allá del "etnocacerismo". El solo hecho de que Chile tenga un proyecto de Estado frente a un vecino que no define el perfil del suyo, confiere al rostro exterior chileno más colmillos de los que en verdad tiene, y, haciendo más denso el clima de sospecha, complica las relaciones.

El eco desmesurado del "etnocacerismo", su lento pero no desdeñable crecimiento en las encuestas y su capacidad para aturdir a la idiotizada clase política con golpes por ahora verbales, le dan una cualidad simbólica de lo que es el Perú de hoy, aun cuando en las siguientes elecciones esta organización no logre alcanzar posiciones determinantes. Él expresa la degeneración de un Perú al que la ilegitimidad institucional, el inmovilismo económico y el descoyuntamiento social van empujando hacia la barbarie política. Por lo pronto, el linchamiento del alcalde de Ilave, en la provincia altiplánica del Collao, a manos de una turba de miles de aymaras a fines de abril del 2004 demuestra la abrasante lava volcánica en que se están convirtiendo las frustraciones de sectores ajenos a las ventajas de la modernidad, en un país en el que la capital concentra casi el 50% del PBI, un par de provincias el 6 y el 5%, y el resto se las arreglaba con un 1% cada una. El episodio recuerda esos desencuentros terribles, que describe Gogol, entre los campesinos rusos y esos funcionarios abrigados como osos que mienten en el registro de la propiedad agrícola y otros asuntos oficiales. Es el efecto acumulativo de despojos ancestrales, reformas agrarias contraproducentes, interferencias del poder político en los sistemas locales de tenencia de tierra y solución de disputas, y de promesas imposibles de cumplir.

Que los aymaras de Puno, entusiasmados por el grado de representación política que sus hermanos han logrado en Bolivia, dijeran que querían ser bolivianos es la impugnación más humillante que puede recibir eso que llaman el Estado peruano, para el que su vecino nunca fue otra cosa que una mera provincia. De hecho, la incitación del dirigente aymara boliviano Felipe Quispe para que los aymaras puneños se levanten contra los *qaras* (blancos), y la respuesta entusiasta que estas arengas reciben del lado peruano de la frontera, muestran la precariedad y en cierta forma, la ilegitimidad del Estado republicano: los comuneros lo perciben como ancho y ajeno por haber arruinado la agricultura, perseguido el comercio (al que llaman "contrabando"), despertado expectativas presupuestarias imposibles de cumplir y practicado, a través de los burócratas locales, la corrupción.

Los inesperados "extraños" (para usar un término hípico) que han producido las elecciones peruanas en los últimos años, y el estado cataléptico en que andan los partidos tradicionales, hacen temer que alguien como Humala, por el sólo hecho de relacionarse con estas realidades, pueda ganar una elección y llevar al país oficial al paredón. Nadie se lo ha tomado a la carcajada. Eso por sí solo dice mucho.

Antauro asegura que fue mi compañero en el Colegio Franco Peruano de Lima, aunque es dos años mayor que yo. Su paso por allí no debe haber sido memorable: no lo recuerdo. Su paso por el Ejército, en cambio, sí dejó huella en sus compañeros: registra, según ellos, inquietudes marxistas que le valieron alguna sanción, o escenas como aquélla en la que se quitó la polaca y la gorra del uniforme en pleno entierro de un amigo, y arrojó las prendas a la fosa. Pero los 42 días de sanción que acumula su hoja de servicios nos hablan más de un chico travieso que de un revolucionario.

Su hermano Ollanta, con apenas dos sanciones, debe haber sido casi una monja en el Ejército. A estas alturas, Ollanta ha entendido que su hermano asusta a tanta gente como la que atrae, y que la revolución "etnocacerista" debería evitar las promesas fulminantes y el totalitarismo ideológico si pretende llegar a la Casa de Pizarro. Inasequible al desaliento, Antauro asegura que él sólo es San Juan Bautista anunciando la llegada del Mesías, y ese Mesías podría ser su hermano (algunos memoriosos recuerdan que antiguos agregados en París acabaron encabezando golpes de Estado). Lo más probable es que ambos sean hijos de su padre, el viejo y leído marxista Isaac, verdadero cerebro de todo.

¿Será el "etnocacerismo", alguna vez, gobierno? Es muy improbable que lo sea, e incluso que alcance una representación parlamentaria notable. Su significación no radica allí, sino en que el Perú haya sido capaz de generar, en tiempos de transición hacia la democracia, ese cóctel nacionalista, militarista, marxista e indigenista que expresa una mentalidad y unos resortes entre sociológicos y psicológicos con un arraigo bastante mayor que el del movimiento en sí mismo. Es un producto paradójico –por jurásico– del siglo 21 latinoamericano.

Nunca puede descartarse, dados los síntomas de indignación popular contra la clase política, que un movimiento como éste provoque, como lo ha advertido varias veces Antauro, una revuelta de sargentos contra altos mandos, devolviendo a los militares en actividad al centro de la vida política. Esta aventura golpista no es impensable, por ejemplo, si las elecciones presidenciales del 2006 no producen el bandazo que esperan los más desesperados. Entonces será cierto que para repotenciar las Fuerzas Armadas harán falta sólo 60 soles: "lo que cuestan dos cacerinas para fusilar a todos los almirantes y generales".

18. El Salvador: furibundo Handal

Es una lástima que el 21 de marzo del 2004 ganara las elecciones presidenciales en El Salvador quien merecía ganarlas y aquel por quien cualquiera con dos dedos de frente tenía que votar: Tony Saca, candidato del partido ARENA. Se trata del cuarto gobierno consecutivo de esa agrupación de la derecha salvadoreña, lo que indica algo grave: que la oposición, es decir, la izquierda, sigue asustando a una mayor parte de los ciudadanos. Constatación alarmante por dos razones: implica la concentración en una sola fuerza de la garantía del sistema político y hace evidente la ausencia de un consenso en la clase dirigente a propósito del audaz programa de reformas en que está empeñado ese país para transitar hacia una sociedad libre.

Esto no quiere decir que la oposición, el Frente Farabundo Martí de Liberación Nacional, no haya obtenido éxitos electorales ni represente mayor cosa. Al contrario: desde que participa en procesos electorales tras el abandono de las armas en 1992, su crecimiento ha sido notable. En dos ocasiones –2000 y 2003– se hizo con la mayoría legislativa y ya lleva varios años ocupando la alcaldía de San Salvador. Aunque su último candidato presidencial, Shafik Handal, fue maltratado en las urnas sin piedad por el actual Presidente, la movilización angustiada de la derecha (incluyó la acusación de que el FMLN acabaría con los más de 2.200 millones de dólares que envían los emigrados desde los Estados Unidos cada año) nos habla del miedo que un sector amplio de la clase dirigente albergaba a un posible triunfo de la izquierda. Pero el dato importante está en que una mayoría de salvadoreños también le teme al FMLN, fuerza determinante en la vida del país, porque intuye que no ha hecho su transición mental hacia el sentido común y permanece atrapado en las viejas redes ideológicas.

Que los antiguos comunistas escogieran como candidato a Handal, guerrillero cascarrabias que se acerca a los 75 años, en lugar de Héctor Silva, primer alcalde de Managua del FMLN y hombre con mucho seso, ayudó a la derecha a vencer tanto en la capital como en zonas campesinas. Pero el discurso, el aparato y el temperamento del partido en general ahuyentan al electorado aun cuando alguno que otro dirigente exhiba cualidades. Ese anquilosamiento es el que le impide ampliar su base electoral y derrotar a ARENA, que por tanto se perenniza democráticamente en el poder. Las virtudes de esta agrupación, que nació como una excrecencia de los poderes fácticos y estuvo muy cerca de los grupos paramilitares en plena guerra savadoreña (incluido el mayor d'Aubuisson, ese Atila), no son pocas. Ha sabido respetar las reglas de juego, aceptando la participación civil de su viejo enemigo comunista, adecuándose a las incomodidades y a los sujetadores del sistema democrático, y emprendiendo una de las reformas de apertura económica más audaces del continente americano, gracias a la cual la pobreza ha caído en un 20% desde comienzos de los años 90. La renovación permanente del partido ha evitado el caudillismo, facilitando la constante movilidad generacional: el actual Presidente, joven empresario vinculado al deporte, frisa los 40 años. Pero como todo partido que se sostiene mucho tiempo en el gobierno, ARENA ha sufrido un desgaste, ha desarrollado excesivas connivencias con otros poderes establecidos y, dado que muchas de las reformas, como en otras partes, no han derivado todavía en un acceso masivo al capital, son muchos los ciudadanos que no han obtenido beneficios directos del progreso económico. En condiciones normales, pues, ARENA habría sido derrotado. Condiciones normales: una oposición capaz de otorgar al modelo un elemento añadido, suministrándole aquello que le falta en lugar de ponerlo en peligro.

La historia enseña que un modelo de sociedad abierta sólo se puede sostener en el tiempo cuando se da un consenso en la clase dirigente, legitimado por el consenso social. En tal virtud, la oposición es a veces más importante que el gobierno, porque es quien garantiza la continuidad institucional y, al discernir lo que es la legítima fiscalización de los poderes públicos del sabotaje, se abstiene de obstaculizar a quien toma las decisiones en aquellas materias que son indispensables. Aunque un gobierno esté bien encaminado, sin oposición el modelo no puede madurar. Con una oposición antimoderna, lo que resulta del entrampamiento es un modelo mostrenco, algo que no puede llamarse sociedad libre. España es un buen ejemplo de cómo el consenso político es condición importante del cambio institucional y, más ampliamente, del cambio de mentalidad en la sociedad en su conjunto. La española, desde luego, está lejos de ser una sociedad plenamente liberal, pero el avance de la libertad desde los tiempos de Franco hasta hoy –y por tanto el progreso– es notable en casi todos los frentes.

A ese progreso ha contribuido tanto la sucesión de gobiernos como la variedad de partidos, movimientos y grupos de oposición, gracias a un consenso básico sobre la urgencia de ir desmontando, al menos en buena parte, el Estado corporativista del franquismo. Ese consenso no habría sobrevivido sin el acuerdo social que lo ha legitimado. Hay países donde el orden de los factores es distinto, pues el conjunto de la clase política acaba haciendo suyo el consenso que le exige la sociedad una vez que aprecia los resultados de las reformas.

Este consenso no existe hoy en El Salvador, donde la izquierda todavía supone no una profundización del modelo de apertura o de corrección de sus muchas imperfecciones, sino un regreso al pasado, un desandar lo ya andado. En ese país están muy presentes aún lo que una ex ministra de Asuntos Exteriores de Aznar llamó en España las "ideas zombi".[34]

Decía al comienzo que es una lástima que ganara las elecciones quien merecía ganarlas: lo que hace falta a El Salvador es que un día de éstos gane las elecciones la izquierda sin que el modelo de empresa privada, libre comercio y Estado pequeño hacia el que se encamina ese país corra peligro.

En cierta forma, la izquierda debe hacer algo parecido a lo que hizo la derecha. Esta última ha evolucionado en década y media desde el Neandertal a la banda ancha. Basta recordar que, según la Comisión de la Verdad,[35] un porcentaje abrumador de los crímenes políticos de los años 80 fueron cometidos por los paramilitares respaldados por esa clase dirigente que ha sostenido a ARENA desde que se creó. No hace falta añadir que los comunistas perpetraron atrocidades múltiples, y que todavía estremece, por ejemplo, el recuerdo de las muertes de la Zona Rosa. Pero la derecha, que era autoritaria, militarista y mercantilista (palabra que desde el

---

[34] "Palacio reconoce que la asignatura más 'floja' del gobierno de Aznar fue la capacidad de comunicación", *El Mundo*, Madrid, 17 de abril de 2004.
[35] El informe de la Comisión de la Verdad de El Salvador puede leerse en el sitio web http://www.derechos.org

siglo XVIII describe el contubernio del Estado con negocios privilegiados), ha hecho una transición mental hacia la sociedad libre, a la que ahora aspira. Hubiera sido impensable hace algunos años que esa misma derecha aceptara al FMLN como actor decisivo de la vida política, desmantelara los batallones militares más cuestionados, refundara la policía civil y procediera a una apertura de la economía que ya no garantiza tantos negocios escogidos como antes.

Aunque el FMLN se mantiene leal a la acción pacífica desde que en 1992 los acuerdos de Chapultepec hicieron posible un cese al fuego, todavía desconfía de la propiedad privada, del intercambio internacional y de la libertad de los ciudadanos para decidir el destino de los recursos a través de esa democracia de la economía que es el mercado (al mismo tiempo, lo que no es infrecuente, muchos antiguos comandantes han sabido hacerse prósperos hombres de negocios). Cuando Handal atacaba las privatizaciones en su campaña electoral, no lo hacía en nombre de una mejor forma de privatizar, sino del apetito de estatizar empresas. Cuando atacaba la "dolarización" (su país, como el Ecuador y Panamá, usa el dólar), no lo hacía en nombre de una moneda salvadoreña sana, sino del poder que soñaba ejercer sobre una moneda dirigida. Cuando años atrás felicitó la decisión de Augusto Pinochet de no privatizar todo el cobre, delató su ambición de poner bajo el control del gobierno los recursos principales de su propio país. Hoy piensa lo mismo. Con ese discurso, Handal no debió ser candidato a la Presidencia, sino al museo de cera.

Un país ya logrado progresa cuando, en un clima de libertad, las alternativas electorales no ofrecen grandes sustos y alteraciones, sólo distintas posibilidades de profundizar las reformas. EL FMLN no ha entendido todavía que, en el caso de El Salvador, hoy en día esto no depende del gobierno sino de la oposición.

19. Uruguay: el caudillo oriental

Hay que prestar mucha atención a las elecciones de octubre de este año –2004– en Uruguay. Podría ganarlas, en su tercer intento, Tabaré Vázquez, clásico caudillo populista que viene empaquetado con el celofán de los nuevos tiempos, es decir, con aires de impugnador de la clase política tradicional, con visiones de una integración sudamericana organizada por burócratas grandilocuentes y con ansias de desquite contra el "fundamentalismo liberal". Uruguay es uno de esos países donde la izquierda surge como respuesta radical a un estado de cosas que en verdad es hijo de todas las supersticiones ideológicas de la propia izquierda. Ésta no se ve a sí misma reflejada en el sistema socioeconómico vigente, como no se reconoce uno en esos espejos deformantes de las ferias infantiles: ve una versión monstruosa que no identifica como suya y contra ella arremete, sin sospechar que lo está haciendo contra sí misma. Uruguay es todo lo que Vázquez quiere: socialista, estatista y antiliberal. Y, sin embargo, ofrece esa misma receta porque está convencido de que el liberalismo gobierna su país desde siempre.

Por lo pronto, Uruguay inventó el Estado del Bienestar latinoamericano, entre fines del siglo 19 y comienzos del 20, a lomo de la educación pública que implantó el dictador Latorre y, más adelante, la legislación "social" de José Batlle y Ordóñez. En pleno siglo 21, el país sigue siendo socialista, como lo demuestra el que no haya emprendido reformas muy significativas en los años 90 y el que en un referéndum de diciembre del 2003 el pueblo rechazara por abrumadora mayoría una ley –horror de horrores– que hubiese permitido a la refinería estatal asociarse con petroleras transnacionales (estaban interesadas empresas de Brasil, Venezuela, México y Argentina).

103

Es cierto que el actual Presidente, Jorge Batlle, dice cosas muy sensatas y que no es responsable directo de la crisis que vivió su país a lo largo de casi todo su mandato, pues tuvo mucho que ver en ella el patatús argentino. También es cierto que entiende que el mundo –es mucho decir– avanza gracias al aumento del comercio y la itinerante inquietud del capital. Y aun quedan bolsones de cordura económica en el Uruguay como la ausencia de un impuesto a la renta. Pero también es cierto que el gobierno de Batlle no ha hecho un esfuerzo decidido por cambiar las cosas, por lo que su paso por el poder quedará inmortalizado, al menos desde el extranjero, no por sus acciones sino por esa lengua, verdadero elefante en la cristalería, con que arma refrescantes líos diplomáticos de tanto en tanto. Por ejemplo, cuando en el 2002 dijo que los argentinos eran "una manga de ladrones"[36] sin sospechar –o acaso sospechando demasiado bien– que el micrófono de sus interlocutores, periodistas de la agencia internacional Bloomberg, estaba encendido (el colofón delicioso de este episodio fue que mientras Batlle corrió a pedir un lacrimoso perdón al entonces Presidente argentino, el pueblo aludido aplaudía a rabiar en privado el sopapo verbal infligido por el Presidente del vecino país). Todo otro logro –incluyendo la muy reciente recuperación económica gracias a que Uruguay vuelve a vender carne, soja, maíz y girasol– resulta ajeno a unas reformas que no se han dado.

Lo cierto es que la inercia del sistema sostenido por los tradicionales "blancos" y "colorados" ha desembocado en el crecimiento, en los últimos años, del "Encuentro Progresista-Frente Amplio" por el que en 1999, últimas elecciones

---

[36] "Batlle: 'Los argentinos son una manga de ladrones'", *Clarín*, Buenos Aires, 4 de junio de 2004.

presidenciales y segundo intento, candidateó Tabaré Vázquez. El líder es un oncólogo y radioterapeuta con tres hijos que cree en la obra pública como dinamo económico y que quiere potenciar el Mercosur porque cree que entre él, Lula da Silva y Néstor Kirchner pueden construir y dirigir el desarrollo. Tiene ese tic científico que en el pasado tuvieron los "positivistas" y que en su caso personal debe venir también de su propia deformación profesional (ha publicado estudios científicos en revistas especializadas). Cuando se mezcla ciencia con política y economía, surge el dirigismo burocrático.

Sería simplista decir de él que refleja con exactitud el pensamiento de algunos de sus parlamentarios, para quienes el socialismo no se puede realizar en lo inmediato y hay que aprender de Castro, que nunca habló de socialismo en la Sierra Maestra. Aunque éstas son sus antiguas querencias y todavía son las de ciertos tupamaros que integran la alianza izquierdista, su inclinación va por el lado del viejo desarrollismo cepalino que subdesarrolló a América Latina aún más de lo que estaba en los años 50, 60 y 70, sólo que adaptado a los tiempos modernos: de allí la idea de fabricar un sistema estatista desde el Mercosur, su prédica iconoclasta contra los viejos políticos como Julio María Sanguinetti, Luis Alberto Lacalle y Jorge Batlle –figuras epónimas de la clase política de Uruguay de las últimas décadas–, así como su nacionalismo, en el que hierve la perenne referencia a José Artigas, caudillo de la Independencia. No dice que quiere abolir el mercado: dice que quiere "ponerlo al servicio de la gente",[37] frase que es, como dicen los ingleses, un misterio envuelto

---

[37] Discurso de Tabaré Vázquez en el acto inaugural del IV Congreso Extraordinario del Frente Amplio, 19 de diciembre de 2003. El texto puede leerse en el sitio web informativo del Frente Amplio-Encuentro Progresista: http://www.epfaprensa.org

en un enigma encerrado en una incógnita, pues el mercado que no sirve a la gente no es mercado.

Comparte con Kirchner la fijación con el pasado, como si su legitimidad necesitara construirse sobre el ajuste de cuentas con la historia antes que sobre el futuro. Uno intuye que no son tanto los derechos humanos en sí mismos, sino la necesidad de satisfacer un ritual mágico-religioso de la izquierda, lo que lo lleva a plantear que se derogue la legislación que permitió la impunidad de muchos militares asociados a la dictadura de los años 70. Siendo ésta una causa muy noble, suministra a la pretensión de Vázquez una coartada perfecta para algo que no necesariamente tiene que ver con la justicia sino, como en el caso de Kirchner, con la pasión política. Si el proceso acabara apartándose de los cauces de la justicia y se deslizara hacia el terreno pantanoso de la revancha política, algo que ha ocurrido en muchas partes anteriormente, la izquierda podría perder a mediano plazo todo el terreno que ha ganado, provocando una reacción de imprevisibles consecuencias. ¿Es posible hacer esa justicia, que muchos de los familiares de las víctimas reclaman con dolor y derecho, sin destruir la convivencia ni pervertir la causa? Todavía la fórmula ideal brilla por su ausencia en América Latina. Es una constatación no por cierta menos trágica: los países que mejor han ido superando el fantasma de un pasado violento son aquellos –España, Chile, El Salvador– en los que se pagó el precio de cierta o de mucha impunidad.

No es seguro que Vázquez gane las elecciones de octubre del 2004, aun cuando es amplio favorito a estas alturas y tiene en Montevideo un verdadero bastión. Pero, como en el caso de El Salvador, el populismo no necesita estar en el poder para hacer daño. Lo puede hacer desde la oposición. Precisamente porque el Frente Amplio se ha opuesto a todo intento de reforma de libre mercado, el sistema vigente guarda relaciones meramente casuales con el mercado, pues es altamente estatista. Y como el Estado hipertrofiado no ha sido reformado, ha perdido legitimidad y huele a naftalina. La izquierda uruguaya, en parte responsable de ello, lleva años gobernando la mentalidad de su pueblo aun cuando no gobierna el Estado mismo: el actual estado de cosas que el populismo denuncia con virulencia nada tiene de liberal. Es, más bien, hijo del populismo –de izquierda lo mismo que de derecha–, lo que demuestra hasta qué punto una oposición inadecuada contribuye al mal gobierno. A falta de ADN político, el Frente Amplio puede darse el lujo de no reconocer la paternidad intelectual de buena parte del sistema actual, confundiendo a muchos orientales, que creen que esa agrupación encarna el gran cambio.

20. *México: la serpiente emplumada*

La mejor forma de saber si alguien aspira a ser Presidente es que diga lo que dijo Andrés Manuel López Obrador, actual jefe del gobierno de la capital mexicana, sin que le temblara una cana: "Denme por muerto para el 2006".[38] El líder de la izquierda mexicana es un finado que goza de envidiable salud, porque sigue encabezando todas las encuestas en su país a pesar de una secuencia de escándalos de corrupción relacionada con algunos de sus allegados, filmados in fraganti. Su popularidad ha sobrevivido, aunque algo menguada, a los escándalos de corrupción de su entorno, y el Partido de la Revolución Democrática, a pesar de sustos recientes como la renuncia del fundador y ex candidato Cuauhtémoc Cárdenas, o quizá precisamente por ellos, se siente cerca del poder

---

[38] "Pide AMLO que lo den por muerto para el 2006", *Proceso*, México D.F., 15 de julio de 2004. Ver el portal de noticias http://mx.news.yahoo.com

federal. De seguir así las cosas, hará falta abundante formol para preservar el cuerpo sin vida.

Le dicen "El Peje" por un pez de su región natal, Tabasco, es cincuentón, lo que en estos tiempos luce joven, y empieza el día a las 5 de la mañana, lo que no necesariamente es de agradecer, pues los periodistas somos por lo general remolones. No es difícil entender por qué tantos millones de habitantes del D.F. lo adoran: ha otorgado una pensión de 63 dólares y garantías de atención médica gratuita a todos los que pasan de los 70 años, dirige personalmente las obras de construcción de carreteras y viviendas, abre escuelas secundarias, repara los baches de algunas calles, intenta reorganizar el tránsito de los tres millones de vehículos que atruenan la ciudad, ha embarcado a Rudolph Giuliani como asesor en materia de orden público y se ha abrazado con Carlos Slim, el hombre más rico de América Latina, con quien comparte un proyecto para embellecer el centro histórico. ¿Qué más se le puede pedir a un alcalde?

Se le puede pedir más, mucho más. No hay nada que los seres humanos no estemos dispuestos a pedir si alguien está dispuesto a dar, y a dar hasta más no poder o, mejor dicho, hasta que no puedan más los pocos que producen para aplacar la garganta inagotable de quienes sienten que mucho más cómodo que crear riqueza es devorar la poca que existe. Por eso, la alcaldía es una feria constante de pedigüeños: las masas se agolpan allí y en los alrededores para pedir tierras, viviendas, créditos, empleos, todo lo que, en un México que lleva varios años de estancamiento y apenas comienza a revivir en el 2004, uno se pueda imaginar. El alcalde da todo lo que puede. Como George Harrison, canta: "Déjame decirte cómo será/ Hay uno para ti, diecinueve para mí/ Porque yo cobro impuestos".[39] No

---

[39] La letra de la canción "Taxman" comienza así: *Let me tell you how it will be/ There's one for you, nineteen for me/ 'Cause I'm the taxman.*

sólo da lo que le piden: también da explicaciones. Explica que la miseria se debe al "neoliberalismo" y que si se privatiza la petrolera estatal, Pemex, o la energía, el número de miserables aumentará exponencialmente.

Por tanto, como la figura más acreditada ante el pueblo, su contribución a la parálisis reformista de los más de tres años del gobierno del Presidente Vicente Fox ha sido no mucho menor que la obstaculización constante por parte de la representación parlamentaria del PRI. Entre el PRD y el PRI se han encargado de que el apocado gobierno del PAN se mueva a un ritmo más bien geológico (digamos que éste tampoco ha hecho esfuerzos hercúleos para vencer los obstáculos). Resultado: China ya desplazó a México como segundo exportador a Estados Unidos, inmediatamente después de Canadá, y le ha birlado centenares de inversiones.

La izquierda mexicana tiene el mérito de haber roto con el PRI en los años 80 y contribuido a su lenta deslegitimación, antesala de su caída. EL PRD, que se inició como "Corriente Democrática" en 1988 y pasó a ser en 1989 el partido con el nombre que hoy le conocemos, fue una saludable reacción del propio sistema mexicano contra la dictadura solapada y corporativista que había gobernado el país desde la Revolución. Sin embargo, lo que Cuauhtémoc Cárdenas y Porfirio Muñoz Ledo, artífices de aquel cisma, consiguieron fue reproducir en la oposición muchos de los vicios políticos y falacias ideológicas sobre los que se había construido el sistema que pasaron a abominar.

Buena parte de la aplastante burocracia de Ciudad de México se debe al PRD, que gobierna la capital desde 1997; ese partido practica un clientelismo y un nepotismo de libro de texto, el mismo que siempre practicó el PRI, su alma máter. Todo el coraje y la lucidez con que el actual jefe del gobierno del D.F., López Obrador, denunció en Tabasco, en los años 90, los fraudes de que fue víctima a manos del PRI, cedió el lugar al más obediente, casi beato, sometimiento a las ideas que habían subdesarrollado América Latina cuando le tocó meter el diente a los asuntos económicos y sociales. En nombre de la soberanía de México se opuso a toda reforma aperturista y liberalizadora, y con lemas como "primero comer, luego pagar" ayudó a confundir a muchos respecto al problema de la deuda, que los latinoamericanos nos habíamos inflingido a nosotros mismos.

Gracias a que, como dice Fox, los mexicanos están hoy "en una caja de cristal donde todo se ve, todo se escucha, todo se lee",[40] han sido notorias las prácticas del PRD, en muchos casos parecidas a las del PRI (desde la corrupción hasta la masiva movilización de seguidores en camiones cada vez que el gobierno de la capital hace anuncios). Pero es notable la continua popularidad de Andrés Manuel López Obrador, a pesar de que todavía ve el comercio informal como un asunto de orden público en lugar de leyes opresivas y por tanto se la pasa desplazando a los vendedores ambulantes, o de que la delincuencia sigue siendo espeluznante (antes había tres homicidios diarios, ahora son 2,1, lo que, imagina uno, implica que a la tercera víctima sólo le matan una mano o un pie[41]). Esa popularidad se debe, en buena cuenta, al ejercicio populista de su gestión. Mientras "El Peje" no tenga la responsabilidad del gobierno federal, puede eludir en lo inmediato costos y responsabilidades. Quetzalcóatl II, la nueva serpiente emplumada, silba rumbo a Los Pinos.

---

[40] "Sanará la herida de la corrupción": Fox, *El Universal*, 4 de marzo de 2004.

[41] "Tercer informe de gobierno", México D.F., 17 de septiembre de 2003. El texto puede leerse en el sitio web informativo del gobierno del Distrito Federal: http://www.comsoc.df.gob.mx

Tercera parte

LOS INSOPORTABLES

21. *Chile: la soledad austral*

En el 2003, publiqué en el diario *La Tercera* de Santiago un artículo titulado "La insoportable soledad de Chile"[42] que debió tocar algún nervio especialmente sensible porque mereció una abundancia inusitada de comentarios y dio pie a que algunos chilenos se plantearan si realmente se estaban quedando solos. A partir de una cita de Ortega y Gasset ("el amor es el ensayo de canjear dos soledades"), reflexioné, a vuelo de pájaro, sobre dos asuntos que son el mismo aunque no lo parezcan: las complicaciones que trae a un país destacarse muy por encima de sus vecinos, y mantener o ampliar esa tendencia bajo un gobierno socialista, en el preciso instante en que el socialismo pretende, por oposición al "neoliberalismo", volver a dar una oportunidad a las ideas que llevaron a esos vecinos a quedar tan rezagados.

---

[42] Álvaro Vargas Llosa, "La insoportable soledad de Chile", *La Tercera*, Santiago, 15 de noviembre de 2003.

Ningún exceso o rigidez chilenos –en asuntos como el armamento militar o los contenciosos fronterizos– justifica la psicosis antichilena que obsede a algunas partes de Sudamérica en los últimos tiempos. Es un sentimiento que delata envidia, así como desconocimiento de las causas reales del éxito de Chile y del fracaso de buena parte del resto del continente. Pero el cargamontón, premeditado o circunstancial, ha logrado despertar en un sector de la psiquis chilena cierta sensación de encierro e incomunicación, es decir, de soledad. A veces, ella se expresa de forma defensiva, como es natural, y a ratos de manera introspectiva, no sin un relente de melancolía, y hasta me ha tocado hablar o intercambiar e-mails con personas que dejan escapar sentimiento de culpa. Misteriosa inversión de las vecindades: mientras más dialoga –política, comercialmente– con otros continentes, más parece alejarse Chile de sus vecinos o, para ser exactos, más se alejan ellos de Chile. El espacio que se ha abierto es psicológico, antes que político o económico. Esta tercera parte del libro está dedicada a esos casos aislados, que van a contrapelo tanto de los neopopulistas como de los que están paralizados por el desconcierto.

La soledad no es algo que los chilenos hayan elegido: al contrario, el hecho de que ese país invierta, por ejemplo, dos mil millones de dólares en Perú y tenga con su vecino norteño un intercambio comercial que se va acercando a los mil millones de dólares, indica que su vocación vecinal o regional no es menor que la intercontinental.[43] Lo mismo ocurre con la política: el Presidente Lagos recibió a Alejandro

---

[43] Recomiendo, para analizar las complejas relaciones entre Chile y Perú, tener en cuenta el libro de José Rodríguez Elizondo *Chile-Perú: el siglo que vivimos en peligro* (Santiago: La Tercera-Mondadori, 2004).

Toledo en La Moneda con trato de Estado antes de que fuera elegido Presidente del Perú, en un gesto de afinidad por la movilización contra el régimen de Fujimori. También ha dosificado su íntima indignación por el incumplimiento del compromiso argentino de garantizar el suministro de gas natural, como un padre que reprueba una inconducta filial sin excesivo rigor. Cuando entrevisté a Lagos en La Moneda en junio de 2004, admitió que la reducción del suministro de gas argentino lo ha afectado, pero eludió ser agresivo con su colega.[44]

Todos estos datos, sin embargo, resultan insuficientes para desmentir la constatación, que no vale sólo para la relación con el Perú sino también con otros vecinos, de que se ha abierto una distancia psicológica entre Chile y el resto de Sudamérica, debida a su éxito. El gatuperio de algunos políticos y charlatanes del vecindario puede haberla aumentado, pero no inventado: es un espacio que se fue abriendo aun antes de que se tradujera en desencuentros públicos. Mientras Chile duplicaba el tamaño de su economía en los 80 y los 90, los demás chapoteaban en la impotencia o, como ocurrió específicamente en los 90, fracasaban en el ensayo de imitar las reformas chilenas. Aun cuando Chile está en recesión −es bueno recordar que desde 1999 hasta el 2003 el dinamo económico estuvo apagado y llegó a haber cifras de desempleo de dos dígitos− los demás no se ponen a la par. Cuando, como ocurre en este 2004, la economía chilena repunta, la distancia se agiganta.

No es por una conjura celestial que los demás no se ponen a la par, sino porque no hacen una sola reforma: desperdician

---

[44] "La próxima elección presidencial va a ser más estrecha que la de 1999", entrevista de Álvaro Vargas Llosa a Ricardo Lagos, *La Tercera*, 20 de junio de 2004.

la ocasión que les brinda Chile de ir acortando distancias. En el 2003, la inversión extranjera en ese país no llegó a 2.500 millones de dólares, lo que representa una caída de más de un tercio, con fuerte concentración en la minería. Aun en el 2004, en un clima internacional por fin favorable, Chile no alcanza, con un aumento de la inversión extranjera de 58% durante el año previo y un crecimiento económico cercano al 5%, el ritmo de crucero de mediados de los 80 y mediados de los 90.[45] El índice de inversión, un 22%, es bastante alto en comparación con los países vecinos, pero inferior al que debe exhibir un país que aspira al desarrollo pleno. Seguramente ha contribuido a todo esto la tendencia a dormirse en los laureles, el haber evitado nuevas reformas en la legislación laboral, los impuestos y la educación, campos en los que la interferencia política y burocrática sobrevive (un millón de cesantes y desocupados lo demuestran), a diferencia de la audacia lograda en otros ámbitos, como el comercio, donde hay en la actualidad un arancel parejo de 6% y una estrategia que busca eliminar barreras con países asiáticos como China o Singapur, o con países como Nueva Zelanda.

También se dan interferencias políticas en el mercado eléctrico y el mercado de capitales. Pero incluso con esta ventaja que ha concedido Chile, en parte por circunstancias internacionales, no asoma indicio alguno de que los países vecinos hayan aprovechado el tiempo para hacer sus propios deberes. Por tanto, la distancia se agranda casi por inercia. Entiendo que eso mismo, la sensación de que incluso en tiempos de recesión y de apatía internacional Chile sigue

---

[45] "La inversión extranjera en América Latina y el Caribe 2003", informe de la Comisión Económica para América Latina y el Caribe (CEPAL), Santiago, mayo de 2004.

cabalgando sin golpe de espuela muy por delante, ha acabado de desquiciar las emociones de los vecinos. Y algunos han salido a lincharlo. Matar a Chile es una forma de matar nuestra mala conciencia.

Todo esto es absurdo, pero conviene tomarlo en serio: muchas catástrofes humanas se han producido por delirios colectivos. Si algo deberían reprochar los vecinos a Chile es que haya otros países hoy en día, por ejemplo Estonia y Lituania, como ayer Irlanda y Nueva Zelanda, que en algunos campos han llevado sus propias reformas aún más lejos, arrebatándole la gloria que antes era suya casi en condición de monopolio. Podrían reprocharle la protección a ciertas ramas de la agricultura, los altos impuestos a la renta, esa legislación todavía frondosa que segrega, como en todas partes, una economía informal importante (en su caso, 35% de las horas-hombre trabajadas) y otras asignaturas pendientes (o retrocesos recientes, como las pretendidas regalías mineras). Pero no, no es esto lo que queremos: lo que queremos —necesitamos— es que Chile se detenga, que se borren de un plumazo los casi 90 mil millones de dólares de inversión extranjera directa e indirecta que ha recibido desde mediados de los 70 y que la "soledad" chilena se disuelva en la gregaria mediocridad del vecindario. Porque "soledad", en el caso de Chile, significa éxito. Y eso es insoportable.

Hace todo esto mucho más insoportable que Chile tenga un Presidente socialista. Lagos no sólo fue un hombre vinculado a Allende (iba a representar a su gobierno en la URSS cuando se dio ese otro 11 de septiembre), sino que hizo de su militancia socialista una llave de judo contra la mole del régimen militar. Tras una estancia en el exterior, en plan académico, incluyendo Estados Unidos, país que por tanto conoce por dentro, regresó a Santiago en 1978 y se puso manos a la obra. Entra de lleno en el Partido Socialista.

Un año después, se lo trata de vincular al atentado contra Pinochet. Funda en 1989 el Partido Por la Democracia, que será pieza clave de la Concertación, y alcanza la celebridad cuando se dirige a Pinochet desde las pantallas de televisión apuntándole un dedo apodíctico e insolente.

Esta trayectoria parecía conducir en dirección exactamente opuesta a la que Lagos acabó trazando para su gobierno: a la venganza, a la revisión de todas las reformas de la dictadura, al regreso de la tentación populista y a la "hermandad" con los paleosocialistas de América. Pero no, prefirió utilizar la sindéresis y la prudencia en todos los campos, lo que no significa que haya dado la espalda a la búsqueda de la verdad en relación con los atropellos y abusos de los 70 y 80, ni que se opusiera al desafuero de Pinochet o, muy recientemente, a las investigaciones relacionadas con las cuentas del general en el banco Riggs de los Estados Unidos: significa, apenas, que no hizo de esas materias un instrumento de legitimación ideológica de sí mismo, ni un ajuste de cuentas colectivo.

Con esa misma mentalidad desprovista de complejos pudo firmar un Tratado de Libre Comercio con Estados Unidos, lo que, a pesar de ciertas gradualidades y excepciones (y de que el comercio es más libre mientras menos bloques excluyentes existan), aumentará el intercambio entre ambos países y podría hacer crecer la producción en más de 700 millones de dólares. ¿No es ésa una mucho mejor forma de satisfacer el ideal socialista que la elegida por el APRA en el Perú entre 1980 y 1985 o, un poco antes, por Siles Suazo en Bolivia y, por esas misma fechas, por Daniel Ortega en Nicaragua? Al burro muerto, la cebada al rabo, dice el pueblo español cuando alguien habla de cosas que ya no tienen vuelta atrás. Eso mismo debería susurrarles el Presidente chileno a sus correligionarios continentales al oído, de tanto en tanto, sin que se entere la prensa.

Sí, y en su fuero íntimo la izquierda latinoamericana lo sabe. Y lo sabe la derecha continental. Y para ambas, aunque más para la primera, por razones que parten desde puntos distintos y confluyen en el mismo, es igualmente insoportable. En la reunión con el Presidente Lagos en La Moneda a la que me he referido, defendió su versión moderna, "neozelandesa", del socialismo. Para él, ofrecer un "bien público" ya no entraña crear una agencia gubernamental o hacer del Estado el proveedor directo de ciertos servicios, sino otorgar un subsidio directo a la persona para que ésta escoja libremente al proveedor privado que desee. El socialismo de Lagos, además, consiste en tratar de facilitar el que su país se convierta en una plataforma de servicios internacionales, haciendo de Chile una plaza atractiva para que las empresas extranjeras trasladen allí muchas de sus operaciones (el famoso *outsourcing* o deslocalización de servicios).

Chile tiene una dependencia con respecto a las inversiones de Norteamérica (85% de sus inversiones provienen de Estados Unidos y Canadá), a diferencia de su comercio, que está mucho más diversificado por áreas geográficas. Eso habría creado en otros tiempos algunos complejos a cierta izquierda. Para Lagos es más sencillo: "crea empleo".

Todo eso resulta, a veces, desde la izquierda todavía fosilizada, un poco insoportable.

22. *Colombia: Terminator andino*

Odiar a Álvaro Uribe es un negocio rentable. Lo practican, con éxito, organismos no gubernamentales, medios de comunicación, líderes políticos y sindicales. Él, picado, les responde con sapos y culebras. La crispación es, por tanto, la nota saltante de las relaciones entre el Presidente colombiano y el resto de la clase política, así como con parte de la opinión publicada –y no necesariamente pública– internacional. A mi entender, Uribe es el mejor Presidente que ha tenido Colombia en mucho tiempo, pero, a diferencia de lo que él piensa, es bueno que tenga enfrente, en exasperante alianza, a tantos adversarios, pues así se evitará que el aspecto represivo de la política que dirige acabe degenerando en un laberinto de atropellos, como ha ocurrido con tantos otros gobiernos latinoamericanos que entraron en guerra contra el terrorismo ideológico. Y también será posible evitar esos efluvios de la vanidad que lo han llevado a explorar la posibilidad de un cambio constitucional para poder optar a la reelección inmediata, lo que sería peligroso. Para ello, además, ha pactado con los conservadores un aumento del gasto redistributivo, lo que despierta sospechas de que podría deslizarse hacia esa cultura de la componenda política que tanto abominó y contra la cual fue elegido abrumadoramente (piensa destinar unos 9 mil millones de dólares, si logra esos ingresos por la venta de activos estatales, al gasto social, lo que podría generar compromisos permanentes en un presupuesto que ya es deficitario aun sin contar el servicio de la deuda[46]).

Seamos justos: a diferencia de un Fujimori, Uribe no ha desbordado el marco constitucional, ni ha pulverizado las instituciones que sirven de contrapeso al Poder Ejecutivo para agarrotar las libertades. Cualquier concentración de poder bajo las urgencias de una guerra degenera en eso mismo aun cuando el jefe sea un Salomón. Para prevenir ese peligro, nunca demasiado alejado de un liderazgo fuerte y algo mesiánico como el de Uribe, es bueno que desde la

---

[46] "Colombia's Economy: The Price of Re-election", *The Economist*, 7 de agosto, 2004.

sociedad civil lo exasperen con eso que los aficionados al fútbol entendemos como marcación a presión.

En cierta forma, todo gobierno es de derecha –escribió Jean-François Revel hace muchos años, en uno de sus libros menos conocidos fuera de Francia–, porque se reduce a una cuestión esencial: el ejercicio de la autoridad. Es una definición que viene como anillo al dedo a Álvaro Uribe. Es todo lo que no es, por ejemplo, su vecino Alejandro Toledo: definición, convicción, idea fija. Calzó como guante en el ánimo de los colombianos cuando, bajo el gobierno de Andrés Pastrana, ellos reaccionaron contra lo que percibían como una capitulación moral e institucional frente al terrorismo. El germen de Uribe fue esa reacción desde la base de la sociedad contra la forma en que se ejercía –*no* se ejercía– la autoridad. Los colombianos de a pie empezaron a llamar terroristas a quienes sus representantes políticos llamaban guerrilleros (las Fuerzas Armadas Revolucionarias de Colombia, el Ejército de Liberación Nacional, y, al otro lado del espectro, las Autodefensas Unidas de Colombia).

Los colombianos recusaron la ingenuidad con que el entonces Presidente había cedido 42.000 kilómetros cuadrados de territorio a las FARC y clamaron por alguien que estuviera dispuesto a liderar una movilización general contra el enemigo común. Lo encontraron en este hombre nacido en Medellín en 1952, aficionado a los caballos y el yoga, adornado con unos lentes que le daban pinta de *nerd* y pergaminos académicos (Harvard, Oxford) que no hablaban precisamente de un general al mando y desentonaban con su discurso de hierro. Tenía en su haber una carrera pública en una de las regiones más peligrosas del mundo, Antioquia, y conocía bien de lo que hablaba porque en 1983 su padre había sido asesinado por los totalitarios marxistas. "No guardo rencor", aseguró, pero fue como si lo guardara, porque desde que asumió el poder en el 2002, a remolque de una victoria sin precedentes en la primera vuelta tras sobrevivir de milagro al atentado de Barranquilla, pareció un poseso por el demonio de ganar la paz derrotando a quienes le hacen la guerra al país desde hace cuatro décadas. ¿Su misión estratégica? Invertir los términos del conflicto entre el Estado y la sociedad civil, por un lado, y la subversión terrorista por el otro, de modo que esta última acabe rindiéndose, es decir, negociando su adiós a las armas, como lo hizo el M-19 –grupo menor– en su día.

Uribe trajo a su cruzada dos ideas que ya había puesto en práctica, y que habían suscitado considerable escrutinio crítico en sus tiempos de gobernador de Antioquia: la participación comunitaria en asuntos que normalmente se entienden como privativos del Estado y, en línea con ello, la toma de responsabilidades en materia de seguridad por parte de los ciudadanos. A pesar de los buenos resultados, las "Convivir", cooperativas rurales de seguridad, habían sido cuestionadas porque algunos de los grupos pasaron a confundirse con los paramilitares; y aunque la participación ciudadana acercó al pueblo la gestión de la educación, la seguridad pública y los contratos con el Estado ayudando a reducir la burocracia en un 34%, también despertó recelos de muchos intereses creados. Cuando, desde la Presidencia, Uribe enunció estos mismos principios, a algunos se les pararon los pelos de punta.

La guerra no la declaró él. Ya estaba declarada. Su decisión fue la de movilizar a la población civil de modo que los ciudadanos hicieran buena parte de la labor de inteligencia (la idea era crear un millón de colaboradores civiles), así como permitir que los campesinos organizaran en parte su defensa. Al mismo tiempo, y de un modo más convencional, aumentó la dotación policial con 10 mil nuevos miembros, y dio su caución a un ejército que estaba desmoralizado, al que siguió equipando (Pastrana había iniciado el reequipamiento militar).

Los resultados son en muchos sentidos notables. Teniendo en cuenta que el enemigo lleva 40 años combatiendo y que los ejércitos alzados en armas cuentan con decenas de miles de miembros, controlan un 40% del territorio y están consustanciados con la transnacional de la coca, no puede negarse que el "general" Uribe ha dado resultados.

En el 2003, miles de miembros de alguna de las tres fuerzas enemigas murieron, se rindieron o fueron capturados. Por primera vez el número de desplazados cayó significativamente, a un total de 156.188. La policía ha regresado a 158 municipios de donde estaba ausente.[47] Los secuestros han caído en 27%[48] y los sabotajes contra el oleoducto principal en un 40%. Es cierto: los subversivos no han sido aún golpeados en sus bastiones del sur y el este (Meta, Caquetá, etc.), donde tienen escuelas de entrenamiento, fábricas de armas y depósitos; la financiación, que depende de la coca, no ha sido todavía dislocada.

Esto último tiene que ver con la imposibilidad de erradicar por la fuerza represiva el negocio del narcotráfico. Por desgracia, la imbricación entre coca y armas es tan plena en Colombia que ya no es posible desligar el combate contra una del asedio contra las otras. Pero no debe perderse de vista que nadie hizo más que las autoridades, a lo largo de las dos últimas décadas, para forzar las condiciones que llevaron a dos maquinarias clandestinas, la subversión y la coca, a casarse. Uribe cree, como Washington, que a punta de balas y de

---

[47] "Too Much of a Good Thing", *The Economist*, 18 de marzo de 2004.
[48] "Uribe's Barrage", *The Economist*, 18 de marzo de 2004.

glifosato –agroquímico que producen Dow Chemical y Monsanto, dos compañías gringas, lo que da argumentos a quienes dicen que todo es un asunto de "intereses imperiales"– se puede acabar con la coca. En ese error podría Uribe tender una trampa a su propia –y exitosa– política contra el terror.

Lo que hace Uribe a la cabeza de su sociedad en pugna con los totalitarios ya lo hizo con éxito otro dirigente civil, Rómulo Betancourt, en la Venezuela de los años 60 (Carlos Andrés Pérez era entonces el encargado de la seguridad interna). Uribe podría ser el único otro caso de gobierno civil latinoamericano que derrota una subversión armada sin convertirse en una dictadura. Sin embargo, como ocurrió en Venezuela, en Colombia esto no significa que no haya abusos. Los hay, y no son pocos. Es la maldita ley a que somete todo terrorismo a aquel que lo combate. Las fuerzas del orden han asumido poderes excesivos, de naturaleza judicial (arresto, revisión, interceptación telefónica), que se dicen "temporales". Hay crímenes contra pobladores civiles que no son terroristas. De publicitar todo esto se encargan, con puntualidad y buena puntería, organismos internacionales y grupos de derechos humanos de Colombia, a quienes Uribe detesta con odio africano, pero que cumplen la importante función de moderar, y en alguna medida civilizar, algo que por su propia naturaleza es bárbaro: la guerra.

¿Cuán cerca o cuán lejos está Colombia de forzar al enemigo a rendirse? ¿Cuántas concesiones se deben hacer a quienes han cometido crímenes a la hora de premiar su eventual reincorporación a la vida civil? Estos son algunos de los peliagudos interrogantes que asedian la conciencia de los colombianos ahora mismo, cuando un sector de los paramilitares de derecha negocia su regreso a la vida civil, y cuando está en pie la oferta para que el otro terrorismo, el de izquierda, haga lo mismo. ¿Debe ceder Uribe ante los terroristas que tienen secuestrados a tantos inocentes y, por ejemplo, canjear prisioneros, arriesgándose a potenciar la resolución y la autoestima de los cobardes que apelan a la captura de rehenes para sus torvos fines? Ofrecer a los paramilitares, y eventualmente a las FARC, penas máximas de entre 5 y 10 años para quienes hayan cometido crímenes comprobados, ¿es una concesión éticamente aceptable en aras de la paz? Nada de esto admite una sola respuesta, pero un principio útil parece no haber eludido Uribe, y eso es reconfortante: ni tantas concesiones que la impunidad acabe siendo una carta de triunfo para el terror, ni tan pocas que sea obligatorio, para quienes han militado en el bando enemigo, pelear para siempre.

El clima económico ha mejorado gracias a que ha disminuido la zozobra o, al menos, gracias al optimismo que vive Colombia. La producción creció 4% en el 2003 y, lo que es un indicador más preciso, la inversión privada aumentó de 8% del PBI a 17%,[49] disparando las importaciones de capital, mientras que la fuga de capitales ha sido revertida, también después de mucho tiempo. Multinacionales como Microsoft y Bayer prefieren ese país, a pesar de la violencia, que a la Venezuela de Chávez. Sin embargo, con una deuda de 50% el PBI y con un déficit fiscal todavía importante, el Estado tiene pendiente aún reformas más audaces. Fue un error, por ello, convocar en noviembre del 2003 un referéndum para, entre otras cosas, aprobar un aumento de impuestos de mil millones de dólares, que el gobierno perdió por falta de participación suficiente. No es con más sino con menos impuestos, así como con menos burocracia, que Uribe podrá cuadrar cuentas de un modo provechoso

---

[49] "Uribe's Barrage", *The Economist*, 18 de marzo de 2004.

y disparar la inversión. Tampoco era indispensable para facilitar reformas económicas pedir poderes, por la vía del referéndum, para una reforma política. Lo que salió de todo ello fue un castigo, el éxito de una izquierda todavía trasnochada en Bogotá, Medellín y Cali, y una desaceleración del ritmo anímico que llevaba el gobierno de Uribe. La enorme popularidad del mandatario le ha permitido recobrar iniciativa e ímpetu.

Uribe, ese Terminator andino, tiene motivos para inflar el pecho. Pero debe –y deben sus adversarios forzarlo a ello– meter en vereda eso que los griegos llamaban la *hybris* ("la vanidad hizo la Revolución", decía Napoleón, "lo demás fue el pretexto"), porque no debe nunca olvidar que no es el gobierno de los hombres sino el de las leyes el que llevará a su país a destino. Contener la hernia de esas instituciones del poder con tendencia a salirse de la cintura, olvidar la reelección inmediata y reducir esa maraña burocrática que preside por herencia, son la mejor forma de intentarlo.

23. Muro (murito) de contención

Toca hoy a Chile y Colombia un papel que no eligieron y que tampoco han acordado entre sí: el de contener las torrenteras populistas de América Latina. No es posible determinar si, ante la magnitud de lo que está en marcha, podrán evitar el desborde populista, si serán un muro o apenas un murito de contención. A estas alturas, es más probable lo segundo que lo primero, por razones que tienen que ver con el relativo aislamiento ideológico de ambos frente al resto del continente, sus propias urgencias internas y, lo que tal vez es más importante, la ausencia de un esfuerzo internacional coordinado y multiplicador, con fuerte contenido intelectual, en función de la sensatez. Son dos países que están más a la defensiva que a la ofensiva, y que eluden la responsabilidad de propagar las bondades de su modelo. El retraimiento no es culpa suya, o no enteramente: Uribe tiene a Chávez de vecino altamente entrometido por si no tuviera ya bastante con tres ejércitos irregulares al interior de sus propias fronteras, y Chile debe lidiar simultáneamente con la agresividad boliviana, la hostilidad de un sector de la opinión peruana y el surgimiento, en la contigua Argentina, de un paradigma ideológico de signo opuesto, que ha dejado de ser, como lo demuestra la reciente crisis del gas que ha enfrentado a ambos gobiernos, un asunto puramente teórico.

Aun con todos estos matices, Santiago y Bogotá representan hoy algo así como el coco de la izquierda populista. Ni Uribe ni Lagos vienen de la derecha. El primero fue liberal, partido que en Colombia representa a la izquierda, y Lagos es socialista. Esta coincidencia les da una autoridad moral que a la vez los refuerza y debilita: los refuerza porque los dota de una legitimidad que no tendrían ante el resto de la izquierda si fueran retoños de la derecha latinoamericana, pero los debilita en parte porque hace de ellos un blanco más apetecible, aunque sea sólo por aquello de que uno siempre recela más del que estuvo cerca. Ambos han activado la vesícula biliar de muchos más enemigos de los que son conscientes.

Cuando Chávez apela al antichilenismo, sabe bien lo que hace. No se trata tanto de un desquite por el hecho de que Chile forme parte del grupo de "Amigos de Venezuela" –cuyos esfuerzos para buscarle al conflicto venezolano una salida razonable vio con espanto–, tanto como de un complejo frente al socialista que por el mero hecho de existir pone al descubierto el fraude intelectual de su gestión. Con respecto a Colombia, siente la misma inferioridad, aunque, no siendo

Uribe un socialista, se siente menos expuesto. El hecho de que ambos sean países vecinos en constante rifirrafe obliga a Chávez a ser más cuidadoso en la expresión pública (también a Uribe): sabe que una intromisión demasiado provocadora podría desatar una guerra, escenario en el que acaso llevaría la peor parte. Aun así, por lo bajo se las arregla para alentar a la subversión, en especial a sus amigos del ELN que forman parte del "Foro de Sao Paulo", y complicarle la vida a su vecino.

¿De qué forma contribuyen Chile y Colombia a desacelerar lo que de otro modo sería un avance veloz de América Latina hacia el socialismo populista? Por lo pronto, con el solo hecho de ser, de estar. Colombia y Chile fueron los únicos países latinoamericanos que progresaron económicamente en los años 80 (Chile mucho más que Colombia), lo que ya les dio en su día esa cualidad "rara" y "diferente" que siempre despierta sospechas y miedo en los otros miembros de una tribu. Ahora, ambos llevan adelante, con distintos grados de éxito, sus propios proyectos a contrapelo de lo que hacen tantos otros países del continente, y eso los convierte en peligrosos: sus trayectorias indican a los gobiernos que intentan desandar lo andado en los 90 (en lugar de llevar aquellas truncas reformas mucho más lejos) que hay una vía alternativa. Y la existencia de ésta delata a los nuevos populistas.

El mejor ejemplo reciente es lo ocurrido con el gas en Argentina, tras el desabastecimiento que ha llevado a las empresas radicadas en ese país, por decreto gubernamental, a reducir drásticamente, en flagrante incumplimiento de obligaciones contraídas, el suministro de energía a Chile. La devaluación del peso argentino y el congelamiento de las tarifas –medida típicamente populista–, redujeron los precios del gas. En un contexto de rebote económico, esto llevó a un crecimiento alocado del consumo de gas en reemplazo de los derivados de petróleo (más de 1,16 millones de automóviles dejaron de usar gasolina porque el gas natural resultaba más barato, por ejemplo). Las empresas privatizadas no pudieron satisfacer la demanda porque no les era rentable hacer las inversiones necesarias, lo que provocó que en el 2003 perforaran la cuarta parte de los pozos que en los años 90. Como más del 35% de la energía eléctrica de Chile depende del gas argentino, la escasez se convirtió en un problema diplomático: la mala política del gobierno de Argentina había desembocado en la imposibilidad de satisfacer la demanda interna, ante lo cual el propio Ejecutivo argentino suspendió, el 25 de marzo del 2004, la exportación de excedentes de gas natural, forzando a las empresas a incumplir sus acuerdos con Chile.[50]

¿Cuál fue la respuesta del gobierno argentino a las críticas que llegaron desde Santiago? Echarles la culpa a las empresas privadas y anunciar –por boca de Alberto Fernández, jefe del gabinete– que tiene en marcha un proyecto para la creación de una petrolera estatal. Para rematar la faena, el mismo Fernández explicó, con perfecto sentido policial de lo que es la economía, que los gobiernos de Carlos Menem y de Fernando de la Rúa tenían responsabilidad también por "no haber exigido" a las empresas hacer inversiones en su momento.[51] De un plumazo, la Casa Rosada transportó al Cono Sur a los años 60 y 70. Empieza por beber agua bendita –escribió Pascal– y acabarás creyendo.[52] Lo que empezó con

---

[50] "Vecinos demasiado distantes", *La Tercera*, Santiago, 2 de mayo de 2004. En esta crónica se detalla la llamada "crisis del gas" entre Chile y Argentina.

[51] Despacho de la agencia Europa Press, Buenos Aires, 2 de mayo de 2004.

[52] Blaise Pascal, *Pensées*, Paris: Librairie Genérale Française, 2000 (publicado originalmente en 1670).

un coqueteo de la izquierda argentina con el populismo ha terminado con el regreso al culto de la empresa pública.

Hay otras formas en que Chile y Colombia pueden ayudar a contener la marea populista. Lo hacen, por ejemplo, al desacelerar el avance de esa integración constructivista –es decir, de burocracias, planificación conjunta, gastos faraónicos– al que los actores principales del Mercosur quisieran arrastrar al resto del continente. Aunque ninguno de los dos países es miembro pleno de ese organismo, no hay duda de que en la estrategia de quienes forman parte del núcleo duro está la incorporación de Chile y Colombia a un gran esfuerzo de integración estatista (es decir, integración por arriba, en lugar de integración por abajo; esto último sólo requeriría que se deje en libertad a las personas, los capitales y los bienes para circular por donde quieran). Una prueba reciente es el impulso que trata de dar Brasil, a raíz de la crisis del gas en Argentina, a un proyecto de integración energética entre ambos países y Bolivia. El modelo dirigista pretende tender un cerco al modelo de la libre empresa.

Las buenas relaciones de Chile y Colombia con Estados Unidos permiten contrapesar la jeremiada antiyanqui en que se está convirtiendo la política latinoamericana, que en lugar de limitarse a reprochar a Washington aquello que hace mal, usa la retórica tercermundista para justificar acciones contrarias a los valores del verdadero desarrollo. Uribe y Lagos estudiaron en Estados Unidos parte de su carrera (el chileno, además, fue profesor en Carolina del Norte), y carecen de ese complejo de inferioridad que en muchos mandatarios latinoamericanos del pasado y el presente se traduce en la necesidad de perfilar una identidad propia a partir de la permanente confrontación ideológica con el Norte (existe, por cierto, la otra forma de complejo de inferioridad, que consiste en la genuflexión ante aquello que está mal sólo por venir de donde viene).

Que Chile atravesase una recesión entre 1999 y el año 2002, limitó la capacidad de ese país para irradiar su ejemplo, su paradigma, hacia el resto del continente, lo que seguramente dio tiempo y oxígeno a los nuevos populistas. Ahora que Chile empieza a ponerse en marcha otra vez, quizá esté en mejores condiciones de contrarrestar o moderar, en base a un éxito continuo, ejemplar en la región, lo que ocurre en otras partes.

Entre la derecha que no pudo llevar a cabo las reformas que debió haber realizado y la izquierda-momia que sale del sarcófago, allí están Chile y Colombia, mucho más el primero que la segunda: anómalos, raros, mejor encaminados.

24. Yanquis, ¿fly home?

Las circunstancias han ido situando a Chile y Colombia como interlocutores privilegiados de Estados Unidos. México y América Central también tienen una conexión estrecha con Washington: en el primer caso, se explica por el intercambio de más de 220 mil millones de dólares con su vecino norteamericano, y en el segundo, por tratarse de países que, al igual que República Dominicana, han basado buena parte de su apertura económica en la presencia de inversores estadounidenses. Pero, precisamente por formar parte de un espacio –Norteamérica– que se percibe distinto desde el resto de América Latina, la sociedad entre México y Washington –sujeta, es cierto, a muchos vaivenes y roces, por ejemplo con respecto al destino jurídico de los inmigrantes indocumentados– no tiene un gran efecto de contagio en otros lugares de la región. Los países centroamericanos no llegan, por su parte, a tener el peso específico que les permita asumir una condición ejemplar de cara a Sudamérica. Por eso, en lo que a la relación con Estados Unidos se refiere, el contrapeso a Brasil, Argentina y Venezuela lo hacen hoy Chile y Colombia.

No se trata exactamente de dos "ejes" contrapuestos, pero a ratos la percepción es ésa. Tampoco puede hablarse, a primera vista, de pesos equilibrados. Brasil, Argentina y Venezuela son la segunda, tercera y cuarta economía de América Latina respectivamente (México ha pasado a ser la primera); siendo Colombia y Chile la quinta y sexta (el mérito de esta última es que tiene una población mucho más pequeña y apunta a subir uno o dos puestos en los próximos años), no parecen reunir el peso, la densidad suficientes para frenar a los demás. Lo parecerían si estuvieran más cerca de México, pero no se llega a dar una inteligencia o afinidad explícita, y si ella se da en los pasillos diplomáticos, no es notoria en el ámbito de la opinión pública. Tampoco puede sumarse el Perú, por la grave degeneración institucional que vive, además de que las corrientes críticas de Estados Unidos han ganado allí terreno ante un gobierno cuya personalidad ha poco menos que colapsado.

¿Por qué importa la relación política con Estados Unidos? En realidad, su importancia radica en el efecto que suele tener, para los ciudadanos del país en cuestión, el que la actitud —el talante— de cara a los Estados Unidos sea o no la de la amistad. Porque cuando nuestros gobiernos son hostiles a Estados Unidos, no suelen serlo a sus errores puntuales o a sus gobiernos pasajeros sino a la "idea" misma de Estados Unidos, a los valores que esa sociedad encarna, a lo que ella representa. Y la consecuencia es el mayor subdesarrollo para América Latina.

¿Se puede ser amigo de la "idea" de Estados Unidos y un interlocutor amable de su gobierno, sin caer en el vasallaje? Sí, por supuesto. Chile y México lo demostraron cuando supieron resistir la apretada presión que les puso el gobierno de George W. Bush para que aprobaran, en el Consejo de Seguridad del que eran miembros rotativos, una autorización expresa para la invasión de Iraq. El caso de Colombia es más delicado: entregada en cuerpo y alma a una lucha sin cuartel contra enemigos poderosos dentro de sus fronteras, y dependiendo del financiamiento estadounidense, el gobierno de Bogotá tiene menos margen de maniobra. La división entre amigos y detractores de Estados Unidos es sustancialmente una división entre dos modelos de sociedad, de grupos de valores, dos tendencias morales. Por eso, el papel que cumplen Chile y Colombia trasciende la coyuntura política.

Ninguno de los dos países tiene un gran intercambio comercial con Estados Unidos: menos de 10 mil millones de dólares en el caso de Colombia y menos de 7 mil millones en el de Chile. Son montos proporcionalmente importantes para ambos (mucho más para Colombia que para Chile, país, este último, cuyo comercio exterior tiene destinos bastante variados), pero no justifican por sí mismos el rol de puentes o intermediarios entre Sudamérica y la superpotencia. Aun así, algunos episodios recientes señalan que la posición privilegiada de Chile –país considerado más estable, previsible y exitoso que los demás–, le facilita un papel desproporcionadamente influyente. Quién hubiera dicho, hace algunas décadas, que el Presidente chileno prestaría a su colega argentino ayuda decisiva para salvar el pellejo ante un organismo multilateral que depende mucho de Washington. Y eso fue exactamente lo que pasó cuando Lagos, según él mismo reveló meses después con ocasión de la crisis de la energía, dio una mano a Néstor Kirchner en sus negociaciones con el FMI. En parte gracias a la intermediación chilena, el FMI facilitó dinero fresco a la Argentina en el 2004.

Tanto para Colombia como para Chile, el trato con Estados Unidos tiene un costo. En el caso de Colombia, la campaña incesante de las ONGs de izquierda –en inteligencia con sus pares y sus fuentes de financiamiento estadounidenses– ha desbordado el ámbito de los derechos humanos para convertirse en una batalla ideológica. Dependerá mucho de la capacidad de Uribe para contener su propia tentación reeleccionista y moderar el ejercicio de autoridad, el que sus enemigos logren o no deslegitimarlo. Si lo logran, todo cambiará, incluido el papel de interlocutor privilegiado que tiene Colombia con Estados Unidos, no descartándose la victoria de esa izquierda que ya le dio un susto en las últimas elecciones locales. En Chile, mientras tanto, se ha dado la paradójica situación de que la derecha ha tenido que criticar decisiones de Lagos –por ejemplo, cuando envió un contingente militar a Haití tras el derrocamiento de Jean-Bertrand Aristide– por ser excesivamente amables con Washington sin una justificación de vida o muerte.

Uno de los mayores peligros que enfrenta América Latina ante la arremetida del populismo y la virtual capitulación de los reformistas, es la integración sudamericana entendida no como la libre circulación de las personas, las ideas, los bienes y los capitales, sino como la consolidación de grandes moles político-burocráticas. Esa tendencia puede, por la retórica confusionista en que se basa y que impide a muchos entender lo que está en juego, engatusar a mucha gente aun en contra de sus propios intereses. Nunca fue más cierta la frase de Paul Valéry: "La política fue inicialmente el arte de impedir que la gente se metiera en lo que les concierne. En una época posterior, se añadió a eso el arte de obligar a las personas a decidir sobre cosas que no entienden".[53] ¿Podrán países como Chile y Colombia evitar la hipertrofia burocrática, el autismo, de un gran bloque sudamericano? Para ese propósito, su relación cercana con los Estados Unidos puede ser útil.

Mientras más brille el ejemplo de un intercambio provechoso con la primera potencia, un ir y venir de capitales y bienes y ojalá que algún día de personas, sin restricciones ya sea desembozadas o encubiertas, mayor será la posibilidad de que Chile y Colombia influyan en la opinión pública latinoamericana y, por tanto, de que, sin necesidad de vulnerar los códigos de la diplomacia, frenen las tentaciones de otros gobiernos. No es del todo inconcebible, además, que si lo logran, aumente su capacidad de morigerar los arrebatos con que de tanto en tanto nos sorprende la política exterior estadounidense. Siempre se pone más atención a las objeciones de un amigo que se hace respetar que a las de un adversario que no se respeta demasiado a sí mismo.

25. *Lagos y Uribe: ¿espejo de Blair y Aznar?*

Un socialista al que los socialistas consideran un liberal y un liberal que considera socialistas a buena parte de los demás liberales, parecen el matrimonio ideal. En cierta forma, eso es lo que fueron Tony Blair y José María Aznar hasta las elecciones recientes en las que el Partido Popular fue derrotado en España. ¿Podrán reproducir Lagos y Uribe dicha alianza al otro lado del Atlántico? Si lo lograsen, tal vez sería posible

---

[53] Paul Valéry, *Tel Quel*, Paris: Gallimard, 1996 (originalmente publicado en 1941).

reproducir, en América Latina, los beneficios que tuvo para Europa la alianza Blair-Aznar. Pero ¿cuán realista es esta conjetura?

La empatía personal que se dio entre el británico y el español fue mayor de la que se da entre el chileno y el colombiano. Los primeros tenían la misma longitud de onda (para usar una fórmula francesa), pero también una amistad hecha de intereses comunes más que de intimidad. Esa amistad interesada era la argamasa que unía a ambos gobiernos. No se da pareja afinidad entre Chile y Colombia, en parte por el temperamento de Lagos, más flemático y distante, y en parte porque ningún inquilino de la casa de Nariño puede dedicar mucho tiempo a empresas internacionales. Pero el "posmodernismo" que hizo posible el acercamiento de Londres y Madrid desordenando la lógica partidista también va recomponiendo las fronteras políticas en otros lugares del mundo, como lo muestra el caso chileno. Si "posmodernidad" es, en casi todos los casos, un término lábil, escurridizo, muchas veces huero, en ese dominio específico, el de las nuevas demarcaciones ideológicas, quiere significar una antinomia distinta de la anterior, ya no entre izquierda y derecha sino entre quienes, a ambos lados, confían preponderantemente en el Estado y quienes lo hacen en el poder creador –el derecho moral– de los individuos de la sociedad. Aun en una situación de guerra, por definición muy condicionada por el Estado, la Colombia de Uribe se inclina por lo segundo. También lo hace el Chile de Lagos, lo que establece entre ambos una sociedad política de hecho, más real, más legítima, que la que existe entre cada uno de ellos y sus respectivos pares a derecha e izquierda. Lagos y Uribe pueden ser, como Blair y Aznar lo fueron en Europa, la cara ideológica de la "posmodernidad" latinoamericana. Aun cuando no sean estrictamente conscientes de ello y aun cuando ambos crean que son sólo pragmáticos, amigos de lo que "funciona", las asonancias y consonancias que se dan entre sus respectivas gestiones recuerdan a la pareja europea.

México hubiera podido, con Vicente Fox, completar un trío. La tiranía del inmovilismo al que está sometido su gobierno por los entrampamientos políticos, y su propia incapacidad para superarlos, lo alejan mucho de ese escenario. Porque México es, hoy, a pesar de la vitalidad de su opinión libre, un organismo más o menos inmóvil; Chile y Colombia, en cambio, son móviles. En tiempos de estancamiento, por ejemplo durante la reciente recesión, Chile no dejó de ser promesa de movilidad; aun en su conflagración bárbara, Colombia rezuma velocidad: movilidad, velocidad, que no vienen necesariamente de la actividad económica, sino de una vitalidad institucional a la que en el caso chileno contribuye la existencia de unas reformas previas y en el de Colombia, el liderazgo político. Nada garantiza el progreso continuo, y en el caso colombiano las grandes reformas están pendientes; además, el empeño guerrero distrae energías. Pero los países vecinos, aun cuando crecen económicamente, sugieren lentitud, gravidez. Les viene de su hipertrofia institucional, de un liderazgo algo embotado.

Blair fue en cierta forma la mejor garantía de continuidad del modelo que iniciaron los *tories*, prolongación y renovación del "thatcherismo". La metamorfosis de la izquierda británica, de la que él fue a la vez instrumento y cerebro, colocó a la derecha en la posición que antes ocupaba la izquierda: cansancio de ideas, apatía intelectual, desierto electoral. En el caso de Lagos, hay muchos elementos que lo hacen distinto, pero también existen algunas similitudes. La primera gran diferencia es que no tomó la posta de la derecha chilena sino de la Democracia Cristiana, su aliada, a lo que se suma el hecho de que la derecha chilena que le ha tocado al frente no sólo estuvo a punto de ganarle las elecciones sino que ha recobrado mucha de la fuerza que desde 1989, tras el fin de la dictadura, había perdido. Pero la gran similitud está en que, con excepciones puntuales, Lagos ha preservado el modelo de libre empresa que heredó, descolocando tanto a la izquierda como a la derecha (lo que lo ha dejado en una suerte de posición "gaullista", es decir, en un espacio patriarcal que lo legitima por encima de la división izquierda-derecha).

Blair y Aznar hicieron contrapeso a Francia y Alemania, que forman el eje de la Unión Europea. Sin necesariamente proponérselo así, y sin que sus acciones respondan a un designio preciso, Lagos y Uribe son el contrapeso, o la promesa de contrapeso, de Brasil y Argentina. Como Francia y Alemania, Brasil y Argentina quieren hoy construir una fortaleza sudamericana en guardia frente a Estados Unidos y asentada sobre el modelo dirigista. Como Londres y Madrid, Santiago y Bogotá pueden imprimir al concepto de integración regional un sello distinto. La integración en la que creen es menos defensiva y excluyente, menos burocrática y plúmbea, menos faraónica y grandilocuente.

Aunque Londres y Madrid no han logrado exportar sus reformas a los países vecinos ni modificar la esencia del organismo europeo, han ido, en un movimiento de poleas, de pequeños forcejeos, haciendo sentir su energía: voces que, por venir de países exitosos, han gozado de una legitimidad añadida. La reciente incorporación de muchos países del antiguo bloque soviético a la Unión Europea ha reforzado la causa anglo-española, por tratarse de países mucho más afines, en su orientación política y económica, al Reino Unido y a España que a Francia y Alemania. Ello ocurre precisamente cuando España cambia de gobierno; el de José Luis Rodríguez Zapatero está más inclinado hacia Francia y Alemania que el de Aznar. Blair pierde un aliado íntimo, pero no gana un enemigo: Rodríguez Zapatero viene muy condicionado por la buena herencia que recibe, y en todo caso los nuevos miembros de la Unión Europea tenderán a hacer causa común con el Reino Unido.

Lagos y Uribe están haciendo algo parecido en Sudamérica. Su ejemplo ya parece haber cundido en el Mercosur, que negocia un tratado comercial con la Unión Europea. Aun cuando esta negociación pueda entenderse como una forma de anticiparse a una futura zona de libre comercio hemisférica y por tanto a los deseos de Washington, ella contradice el espíritu de campanario, la tendencia autárquica, que habían delatado hasta ahora las expresiones públicas de los nuevos gobiernos de Brasil y Argentina. Y parece contradecir también los esfuerzos del propio Presidente de Brasil, Luiz Inácio "Lula" da Silva, por formar, con China, India e Indonesia, un sindicato contra la iniquidad de la globalización (iniquidad, por cierto, de la que los tres países, y con abrumador talento los dos primeros, participan, globalizadores empedernidos que son). Es cierto: el eventual acuerdo no eliminará el proteccionismo europeo en materia agrícola (que encarece los precios de los alimentos en Europa un 25%), pero indica que los globalifóbicos tienen al menos algo de mala conciencia.[54]

¿Serán Lagos y Uribe para Sudamérica lo que fueron Blair y Aznar para Europa?

---

[54] La protección agrícola de Estados Unidos, la Unión Europea y Japón suma más de 200 mil millones de dólares anuales. "World Trade: Now Harvest It", *The Economist*, 7 de agosto de 2004.

26. *En* offside

Un factor que complica la posibilidad de que los gobernantes latinoamericanos con la cabeza sobre los hombros, tanto de izquierda como de derecha, presenten un frente unido y actúen de un modo más orgánico en defensa de los valores amenazados por el neopopulismo, está en el desfase de sus respectivas situaciones. Aunque en Chile las dificultades de la alianza opositora de derecha parecen haber equilibrado mucho los pronósticos electorales, es natural, después de tres períodos, que la Concertación de socialistas y democristianos haya sufrido un desgaste y que sus adversarios aparezcan con posibilidades de triunfo. En Colombia, ocurre el revés. Aunque Uribe mantiene una popularidad apabullante, no hay garantía de que su propósito reeleccionista tenga éxito en ese país de juristas que es el suyo y por tanto la izquierda, agrupada en el Polo Democrático Independiente que alcanzó con Luis Eduardo Garzón la victoria en Bogotá, está en posición expectante. En México, Fox no ha podido desacelerar al PRD de López Obrador, cuya proyección electoral excita de gran manera a Fidel Castro, como lo dejó entrever el reciente conflicto entre La Habana y el gobierno mexicano que derivó en la virtual ruptura de relaciones diplomáticas. Y así sucesivamente.

Como en política, lo cierto es que quién sabe, no se puede hacer pronósticos, salvo el de Lord Keynes: en el largo plazo, todos estamos muertos.

El Partido Popular de José María Aznar lo ha comprobado en España. En América Latina, a la natural imprevisibilidad de la política, se añade, a efectos de una posible alianza entre líderes afines en favor de la sociedad libre, un agravante: Chile va a contrapelo del resto en lo que a izquierda y derecha se refiere. En el contexto latinoamericano de hoy, los aliados naturales de Lagos, izquierdista moderado, son derechistas moderados presionados por una izquierda más radical que siente la cercanía del poder.

Este desfase o destiempo es más significativo de lo que parece. Los aliados naturales de Lagos están demasiado acorralados o absorbidos por el desafío de su propia izquierda para poder pensar en una alianza política con Chile. A ello se suma el que Chile tiene otras prioridades. No es improbable además que, en caso de ganar las elecciones presidenciales del 2005 el candidato de la Alianza por Chile, Joaquín Lavín, se encuentre con que algunos de esos aliados naturales de Chile han pasado a integrar las filas del populismo zombi. Lo mismo le ocurrirá a un eventual y nada improbable cuarto Presidente –más bien, Presidenta– de la Concertación. La incertidumbre disuade la confraternidad política entre gobiernos o líderes afines. En Europa existen ciertas políticas de Estado, o líneas de continuidad institucional, que hacen menos determinantes los resultados electorales. En América Latina, cuando algo cambia, todo cambia.

El *offside* es un fenómeno que viene dándose desde hace muchos años. A lo largo de los 90, los gobiernos latinoamericanos eran de derecha o percibidos como tales, mientras que el de Chile se entendía como un gobierno de izquierda (no porque la Democracia Cristiana lo fuera sino en parte porque estaba aliada con los socialistas y porque tenía una oposición de derecha todavía enfeudada a Pinochet). Es cierto que esta clasificación perezosa –izquierda, derecha– ya no tiene mucho sentido en el papel, pero lo mantiene en la práctica por razones sentimentales o por pura inercia. En tal virtud, las amistades a veces resultan menos estrechas de lo que podrían ser y los intereses menos comunes de lo que en realidad son: las simpatías se economizan con más tacañería de la necesaria. Ya se sabe: en la política, las relaciones personales explican muchas cosas.

El desfase que viven los potenciales aliados se complica aún más con la situación colombiana. Uribe tiene entre manos un conflicto de otro siglo, que se ha descolgado sobre el presente atarantando la brújula de la sociedad y de su Estado, de modo que los responsables del país se ven obligados a dedicar mucho más tiempo a desembarazarse del pasado que a perseguir el futuro. Es casi imposible para un gobernante colombiano, a pesar de la modernidad de ciertos sectores de la sociedad, por ejemplo la clase empresarial, elaborar una estrategia internacional para trabar alianza con sus pares menos descentrados (salvo en el caso de las relaciones con Estados Unidos, de cuya asistencia material y política depende buena parte de la estrategia interna del Estado de Colombia). La guerra no deja tiempo para nada más. Mientras que Chile lleva unos años deslatinoamericándose para vivir una ciudadanía universal, Colombia está latinoamericanizada de un modo fatal por la demencia de sus organizaciones criminales y la obligación que tiene el Estado de darles respuesta, así como por los abusos que, inevitablemente, cometen las fuerzas del orden desde el momento en que entran en guerra contra el enemigo. Irónicamente, esas organizaciones –representativas del pasado latinoamericano– han hecho suyas muchas ventajas de la globalización, por lo que, aun cuando el país hace esfuerzos por ponerse a la altura de los tiempos que corren, el futuro, como el espejismo, va siempre varios pasos por delante.

Por último, el intercambio económico entre Chile y Colombia no es muy significativo. En otras regiones del mundo, la relación económica ha permitido muchas veces a líderes empeñados en superar destiempos ideológicos, diferencias de ritmo político o desencuentros históricos, lograr su cometido. Ese punto de apoyo brilla, en este caso, por su ausencia.

Luis Eduardo Garzón es el hijo ilegítimo de una campesina que trabajó de empleada doméstica y que, como no tenía dinero para una niñera, ponía al pequeño en una caja de cartón en la cocina mientras ella cumplía sus labores. Él se hizo sindicalista y ahora brama contra el mercado.

Joaquín Lavín, aunque ha modernizado mucho a la derecha, es un hombre vinculado al Opus Dei y se opuso a la ley de divorcio recientemente aprobada en su país, aunque hay que reconocer que lo hizo con muy poca insistencia. Le disgusta que el Estado interfiera en la economía pero no tanto en la moral, y no parece del todo incómodo con el peso todavía excesivo del Ejército chileno, aunque también aquí hay que matizar: intentando desbordar a la izquierda gubernamental por la propia izquierda, y apelando a los jóvenes, ha propuesto la eliminación del servicio militar obligatorio.

¿Qué pueden tener estos dos aspirantes políticos en común? El foso que a primera vista los separa ilustra lo difícil que seguirá siendo para ambos Estados trabar alianzas con la mirada tendida al futuro.

27. *Prohibido entusiasmarse*

La gran ventaja que tiene el populismo latinoamericano, esa variante del socialismo universal, sobre quienes no lo practican —digamos, un Fox, un Lagos, un Uribe, un Batlle— es que posee un discurso ideológico y cierta empaquetadura intelectual. Precisamente porque tiene esta dimensión, es capaz de convencer y entusiasmar —léase, de embaucar— a tanta gente. Los que están en las antípodas, en cambio, suelen definirse como pragmáticos, huyen de las ideas como el gato del agua y abrigan una noción bastante plomiza de la economía política, fundada sobre informes macroeconómicos capaces de aburrir a una oveja. La realidad es que el pragmatismo no es otra cosa que la inercia del sistema heredado, y ese sistema, sea cual fuere, siempre responde a las ideas que estaban en boga en el momento en que se erigió. El pragmatismo es, por tanto, una ilusión, pero una ilusión incapaz de ilusionar a nadie: al trocarse la política en un montón de cifras descafeinadas, en "agregados" que pretenden resumir, petrificándola, la conducta de millones de personas, ella adquiere una cualidad alienada, ajena a la inteligencia y el sentimiento del pueblo.

Las peores barbaridades se han hecho, en política, en nombre de ciertas ideas. Y se siguen haciendo. Muchas de las cosas que algunos de los actuales líderes del continente están poniendo en práctica ya fueron realizadas en muchas ocasiones. El fin del mundo, como dijo Victor Hugo, ha pasado ya muchas veces. Una de las cosas que permiten esta recurrencia en el error es que las malas ideas rara vez encuentran ideas adversarias dispuestas a plantarles cara, a rivalizar de igual a igual con ellas, a derrotarlas en su propio terreno.

Los "antiidiotas" no triunfarán si no logran construir un lenguaje capaz de apelar simultáneamente a la inteligencia y a los sentimientos de la gente. ¿Quién dijo que la sociedad libre es una compilación estadística? ¿Quién dice que es una jerga burocrática? La sociedad libre son millones de personas trazándose metas particulares, intentando realizar sus sueños con la menor interferencia posible por parte de la autoridad, bajo la protección de la ley frente al abuso y la depredación de terceros o del propio Estado. La fuerza moral de esta idea, su potencial ilusionante, se pierde cuando queda reducida a mera geometría macroeconómica y a la retórica pragmática de estadistas bien intencionados pero ideológicamente inermes frente al populismo.

Parte del problema nace de la creencia equivocada de que el crimen de los populistas amantes del Estado providencial consiste en apelar a las emociones o tener un conjunto de ideas-fuerza. No, el crimen no reside allí, sino en hechizar las emociones y la inteligencia de las personas para condicionarlas en contra de la libertad individual, en sustituir la asociación y cooperación voluntarias por el mandato autoritario. La forma de contrarrestar ese hechizo pasa necesariamente por oponer buenas ideas a las malas y por entusiasmar al pueblo a partir de ellas. ¿Quién dijo que es un delito entusiasmar a la gente?

Los pueblos con frecuencia se entregan a grandes delirios colectivos, como lo muestra ese recuento hilarante, angustioso y genial de Mackay en *Extraordinary Popular Delusions and the Madness of Crowds*. Si uno no explica qué es la sociedad libre, por qué la libre empresa beneficia a los pobres, por qué ella nada tiene que ver con los contubernios mafiosos entre empresarios influyentes y gobiernos que no respetan el principio de la igualdad ante la ley, otros se encargarán de poblar la cabeza de la gente con supersticiones y miedos a los que es vulnerable el instinto tribal del ser humano. La deserción intelectual de los partidarios de la sociedad libre echa a la gente en manos de los demagogos redivivos de América Latina.

No ser populista no es una condición suficiente para devolver cordura a la política latinoamericana. Herbert Spencer escribió, en el siglo 19, que las palabras no son ideas sino señales de ideas.[55] La diferencia es sutil pero apunta a la naturaleza real del lenguaje y, por extensión, del lenguaje político. Se trata, en efecto, de un sistema de señales que remite a algo más, que contiene otro lenguaje instalado detrás del biombo de las palabras, pidiendo ser descubierto. Este

---

[55] Herbert Spencer, *Political Writings*, Cambridge: Cambridge University Press, 1994 (los distintos textos que componen este volumen fueron originalmente publicados a lo largo del siglo 19).

repliegue del significado detrás de las señales que son las palabras hace del lenguaje un instrumento poderoso y a la vez peligroso: facilita su manipulación, que no es otra cosa que el ocultamiento de la verdad. El populismo y el socialismo entendido como disolución de la persona en la entidad colectiva expresada en el Estado nacen del ocultamiento de la verdad. ¿Cómo neutralizar esa operación sin una de signo contrario, de la que resulte el descubrimiento de la verdad, un correr el velo que la disimula y esconde? El puro pragmatismo, desprovisto de ideas, de esfuerzo intelectual, juega a favor de quienes ocultan la verdad porque no va a la raíz del problema, que es la mentira (Jean-François Revel, dicho sea de paso, dedicó a la mentira política un excelente libro, *La Connaissance Inutile*[56]).

La falta de un discurso intelectual y de idealismo político en el bando de los que están a favor de la sociedad libre garantiza que los jóvenes se ilusionen con las ideas fracasadas o, lo que es igualmente grave, se desentiendan por completo de la política. No se me malinterprete: la politización de la sociedad, en tanto que interferencia del poder en la vida de la gente, es dañina, por tanto la despolitización de la vida social es un ideal liberal. Pero la transición a esa sociedad libre exige reformas, y esas reformas exigen líderes. Si los líderes aceptan la penuria de ideas, la deshumanización del lenguaje político, los jóvenes los eludirán o coincidirán con ellos por razones más bien fortuitas.

La razón por la que muchos de nuestros mandatarios pragmáticos no se aventuran con más ímpetu en el bosque incierto de la reforma, es que sienten que ella corre en

---

[56] Jean-François Revel, *La Connaissance Inutile,* Paris: Editions Grasset & Fasquelle, 1988.

sentido contrario a la opinión pública. Y cuando la emprenden, descubren que los resultados tardan más en llegar de lo que dura la paciencia de la gente. La razón de esta desinteligencia tiene mucho que ver con la ausencia de ideas y emociones, y su reemplazo por códigos burocráticos con los que parece que nuestros líderes muchas veces intentan eludir la realidad.

28. Chile y Brasil: *mírame y no me toques*

Brasil y Chile se miran de lejos, midiéndose, nunca tocándose. Brasil está entre los primeros cuatro socios comerciales de Chile, tanto Ricardo Lagos como Lula da Silva pertenecen a la izquierda política, ambos tienen relaciones privilegiadas con Japón y mientras que Brasil es la potencia sudamericana por su peso, Chile lo es por su prestigio económico. Sin embargo, se miran y no se tocan. Una tensión sorda, una moderada corriente eléctrica recorre de modo perpetuo la línea que va de Santiago a Brasilia.

A primera vista, un Lula que ha echado por la borda algunas de sus promesas más temerarias y un Lagos que está de regreso de todos los entusiasmos juveniles, deberían sostener al alimón, como los hombres de Atlas, una Sudamérica que siente la eterna tentación del abismo. Pero no, no hay química entre Chile y Brasil, y sin química no es posible unir dos destinos. Tampoco existe una rivalidad encarnizada, como la de Francia y Alemania durante parte de los siglos 19 y 20, antesala de una reconciliación que es la materia prima de la Unión Europea. Chile y Brasil no se comunican entre sí mediante una relación emocional sino funcional. ¿Puede hablarse de amistad? Sí, pero sólo si se la compara con esas amistades inglesas de las que hablaba

Borges, que empiezan por "excluir la confidencia" y "muy pronto omiten el diálogo".[57]

Uno podría citar muchas razones para explicar lo que ocurre. Por ejemplo, la visión distinta que cada uno tiene de las relaciones con Estados Unidos y de la globalización, puesta de manifiesto con el esfuerzo de Lula por organizar un sindicato con países como China, India e Indonesia a fin de forzar concesiones por parte de los países de vanguardia en el momento mismo en que Chile sellaba un tratado comercial con la superpotencia (es justo consignar, por cierto, que en los últimos meses Lula ha moderado el sesgo tercermundista de su política exterior). También podría hablarse de dos estadios de la evolución política: Lula ha transitado de la infancia a la adolescencia, del pañal a las patillas, y eso es de agradecer, pero Lagos observa a sus correligionarios desde las sienes plateadas de una madurez reposada, paternal.

Podría también hablarse de estrategias de integración diferentes. Brasil apuesta por el bloque sudamericano aun cuando sólo uno de sus principales socios comerciales es sudamericano. Tiene la estratégica obsesión de lo que se conoce como la Iniciativa para la Integración de la Infraestructura Regional Sudamericana (IIRSA), entre cuyos puntales está la por ahora esotérica posibilidad de ligar su costa atlántica con la costa peruana del Pacífico (la única vía terrestre entre Brasil y Perú pasa en la actualidad por Bolivia). Chile piensa menos en proyectos faraónicos de Estado a Estado, y más en ir desplegando sus tentáculos empresariales por América Latina, a partir de una integración privada. No se malentien-

---

[57] La frase pertenece al cuento de Jorge Luis Borges "Tlön, Uqbar, Orbis Tertius". *Ficciones*, Barcelona: Laia, 1986 (originalmente publicado en 1944).

da esta idea: el Estado chileno no es ajeno a la estrategia de penetración económica en la región. Al contrario: es su promotor y, en la medida de lo posible, su protector, lo que despierta desconfianza en muchos vecinos. Sin embargo, Chile entiende la integración sudamericana de una forma más bien empresarial y Brasil de un modo más bien dirigista. La experiencia señala que la integración estatista suele desintegrar más de lo que integra. Tómese como ejemplo la represa hidroeléctrica de Yacyretá, que desde los años 70 construyen la Argentina y el Paraguay con dinero del Banco Mundial, proyecto cuyos niveles de corrupción son tan grandes que el Congreso de Estados Unidos ha iniciado investigaciones sobre el destino misterioso de los fondos. El costo estuvo proyectado en 2 mil millones de dólares en 1973, cuando empezó la obra, y ya van "gastados" más de 10 mil millones sin que la represa esté terminada.

Por último, puede mencionarse que Chile y Brasil se toman muy en serio su capacidad militar, lo que naturalmente crea respetos mutuos. Brasil es un fabricante de aviones, por ejemplo, y aun cuando renunció a su programa nuclear hace algunos años, la tentación de reanudarlo nunca ha desaparecido, como lo delata el propio Lula, que de tanto en tanto deja caer alguna frase críptica, llenando de culebras algunas espaldas en el hemisferio. Chile, a su vez, tiene su propia personalidad militar, en parte por sus difíciles relaciones históricas con sus vecinos, en parte por su desarrollo económico, en parte por una cultura marcial que el régimen de Pinochet dejó impregnada en la transición democrática.

Pero ninguna de estas múltiples razones llega a explicar del todo la respetuosa distancia, el pulso sutil que existe entre ambos. Muchos de esos motivos son más bien síntomas, no causas, de la relación. Se olfatea algo más en el ambiente, un no sé qué inasible pero turbador, que da la sensación de que en una habitación en la que estuvieran sólo un funcionario brasileño y otro chileno habría una tercera presencia, presentida más que notada por ambos, aun siendo invisible.

No son la política ni la economía las armas analíticas de las que hay que echar mano para comprender la relación entre Chile y Brasil. Sería irónico que lo fueran: Brasil tiene nueve veces el tamaño económico de Chile y una población once veces mayor. ¿Cuál es? Alguna disciplina con carga espiritual, capaz de ver lo que no se ve, de tocar lo que no se palpa.

O tal vez todo esto sea pura especulación y lo que pasa es que simplemente no caben dos egos importantes en un mismo cuarto.

29. De la "nordomanía" a la "nordofobia"

Para concluir esta tercera parte dedicada a los gobiernos situados en las antípodas del neopopulismo, cabe preguntarse qué papel juega, en esa dinámica, Estados Unidos.

De entrada, debe constatarse que también en este campo, el de las relaciones con Estados Unidos, vivimos la resaca de los años 90. Si la década anterior fue la de la "nordomanía" (para desenterrar la expresión que en 1900 usó José Enrique Rodó en su famoso *Ariel*[58]), ésta es la década de la "nordofobia". Hemos pasado, en un chasquido, de la carnalidad en tiempos de Menem a la frigidez en tiempos de Kirchner.

La imperial reacción de la política exterior estadounidense a los desafíos del terrorismo quita la alfombra bajo los

---

[58] José Enrique Rodó, *Ariel*, Madrid: Cátedra, 2000 (originalmente publicado en 1900).

pies de quienes quisiéramos que América Latina exorcizara los viejos demonios antiyanquis. ¿Cómo defender lo indefendible sólo porque quien representa lo indefendible es, en este caso, una democracia acendrada que además resulta ser una superpotencia? A esa dificultad se añade otra: Estados Unidos no tiene muy claro qué hacer con América Latina, salvo perseguir cultivos de coca. Empezó ofreciendo amnistía a los inmigrantes mexicanos, luego congeló esa promesa y pasó a ningunear a México y, de pronto, a las puertas de las próximas elecciones presidenciales, ofrece otorgar permisos temporales de trabajo. Empezó retomando con ímpetu la idea del primer Bush a propósito de una zona de libre comercio hemisférica y acabó haciendo acuerdos bilaterales, administrados como si se tratara de premios y castigos. Empezó anunciando que América Latina sería la prioridad y acabó, por obra de maniobras parlamentarias que la Casa Blanca prefirió no conjurar, dejando acéfalo durante medio gobierno el puesto de subsecretario de Estado para Asuntos del Hemisferio Occidental. Había una época en que Estados Unidos diseñaba estrategias claras, como la Política del Buen Vecino, pensada para prevenir una posible influencia fascista en el continente, y la Alianza Para el Progreso, para segar el césped bajo los pies del comunismo. Ambas tuvieron muchos más deméritos que méritos, pero al menos quedaba claro lo que Washington quería. Ahora, su política exterior emite señales erráticas. Esto no explica ninguna de nuestras propias miserias, pero es bueno tenerlo en cuenta.

La ausencia de una política coherente por parte de Washington explica y a la vez refleja el desconcierto frente a la descomposición política de la región. El desconcierto es la palabra que mejor define la actitud de Estados Unidos ante fenómenos como el de Chávez, Morales, Kirchner y los otros. En el naufragio de su entendimiento frente a estas inesperadas realidades, asoman dos tablas de salvación para la política exterior estadounidense: Chile y Colombia, y un flotador con agujeros: México. En Lagos, Bush respalda a Chile, que le parece un interlocutor más serio que otros; en Uribe, respalda al líder antiterrorista, que le parece un aliado providencial en medio de tanto bochinche. En México, respalda, con vacilaciones, a un socio a estas alturas inevitable pero que enciende sus luces de alarma, porque es una incesante fuente de emigrantes y porque un sector de la opinión pública es cada vez más reacio a mantener la sociedad en los términos acaramelados en que se ha perfilado en los últimos años.

A Lagos, la relación con Estados Unidos le sirve, entre otras cosas, para legitimarse ante una derecha hostil. A Uribe, le sirve para enfrentar adversarios que el Estado colombiano no puede derrotar por sí solo. A Fox, debía servirle para lograr un acuerdo migratorio y legitimarse frente a un PRI que no ha cesado de hacerle la vida imposible y que, olvidando su propia amistad con Estados Unidos en los dos períodos finales de su régimen, utiliza el nacionalismo "nordofóbico" para dejarlo sin piso. Pero el acuerdo, que tantas expectativas había despertado, nunca llegó. Ésas y otras realidades —como la negativa de México a respaldar la invasión de Iraq en el Consejo de Seguridad de las Naciones Unidas— enfriaron las relaciones. Aunque México sigue siendo país amigo, ya no es, como en los 90, cabeza de playa de una estrategia hemisférica.

En la década anterior, Estados Unidos tenía dos puntos de apoyo en América Latina: México y Argentina. Hoy, el primero lo es sólo a medias y el segundo milita, al menos en términos retóricos, en el bando contrario. ¿Pueden Chile y Colombia llenar ese vacío? No, y tampoco lo pretenden. Colombia tiene urgencias internas que harían inviable un papel de puente con el resto de América, además de que Chávez, un vecino "nordofóbico" altamente beligerante, sería un tábano en el lomo de esa eventual estrategia. Chile, por su parte, ni siquiera se lo plantea porque dicho rol no está en lo que podríamos llamar su forma de ser, su constitución psicológica; su condición algo excéntrica tampoco hace de ese país el candidato natural. En el caso colombiano, hay una considerable resistencia interna contra Estados Unidos; en Chile no existe una resistencia comparable, pero sí un factor histórico que no deja de tener un efecto inhibidor: el respaldo de Estados Unidos al régimen de Pinochet, que la izquierda no olvida.

En suma: Washington está alucinado con lo que ocurre y sus aliados latinoamericanos funcionan más como casos aislados que como pivotes de una estrategia "nordomaníaca" capaz de contrarrestar la "nordofobia". Estados Unidos intenta llenar ese vacío político con tratados de libre comercio. Por darse éstos en el contexto político antes descrito, han adquirido una cualidad mucho menos comercial que política. El éxito es parcial. En Centroamérica y el Caribe, puede hablarse de un éxito importante, que se confirmará con el inminente acuerdo con Panamá, aunque la perspectiva de una revisión de los tratados comerciales por parte de los Estados Unidos por razones laborales y ambientales tras las próximas elecciones presidenciales arroja dudas sobre lo acordado. En Sudamérica, el éxito político no es comparable, porque Brasil y Argentina, dos países de enorme peso, quedan fuera. El tratado con Chile sólo confirma la relación especial con esa nación y que no tiene una lectura regional. Las negociaciones con los países andinos, aun cuando lleguen a buen puerto, no podrán compensar las ausencias elocuentes, en parte porque se encarga de ello Venezuela –que tiene un fuerte peso simbólico y queda también fuera– y en parte porque

Perú vive una zozobra institucional de imposible pronóstico: el respeto por la clase política ha quedado circunscrito a apretados círculos familiares.

Cuba —por si no hubiera ya bastante bochinche— enreda las cosas más de lo que ya están enredadas. Cada vez que los países latinoamericanos amigos de Estados Unidos votan en la Comisión de Derechos Humanos de Ginebra a favor de una tímida condena contra los atropellos que sufren los opositores en la isla, La Habana provoca incidentes diplomáticos. Incidentes que siempre vienen acompañados de operaciones de desestabilización contra los gobiernos latinoamericanos mediante alianzas de Fidel Castro con las izquierdas locales. Aunque los gobiernos, por ejemplo el mexicano, ya no se dejan atarantar como antes, pagan un precio que trasladan a sus relaciones con Washington.

En resumidas cuentas, por razones que tienen que ver tanto con la política exterior estadounidense como con el temperamento y las limitaciones de los gobiernos sensatos, la batalla contra el neopopulismo no gira en torno a una alianza con Washington.

Cuarta parte

LOS REYES PASMADOS

30. Ni pa'trás ni pa'delante

En *El rey pasmado*, la película de Imanol Uribe basada en una novela de Torrente Ballester, el actor principal, Gabino Diego, hace de Felipe IV. Al contemplar desnuda a Marfisa, la prostituta de la villa, queda pasmado. El resto de la película es un mero pretexto para ver a Felipe IV, es decir, Gabino Diego, poner una exquisita cara de pasmo perpetuo que resulta una de las genialidades más notables del cine español de las últimas décadas. La expresión "rey pasmado" es ya indisociable de Gabino, pero tan disociable de la historia original que viene a la mente ante cualquier dignatario abrumado, embobado, por una realidad que lo supera.

En América Latina, estamos llenos de reyes pasmados. Con alguna que otra excepción, como las que he abordado en la parte anterior, lo único de que disponemos para hacer frente al neopopulismo es una pléyade de reyes pasmados, algunos simpáticos y bienintencionados, cuya personalidad política, cuyo nervio vital, parecen haber quedado en suspenso ante una Marfisa descomunal que es la de su propia responsabilidad política. El resultado es que no se hace una sola de las reformas indispensables, no se ejerce el liderazgo tanto político como intelectual que requiere el desafío del desarrollo, y el neopopulismo va ganando espacios por *walk over*.

Uno de estos casos –a los que está dedicada esta cuarta parte del libro– es el del Presidente mexicano Vicente Fox. Tengo por él aprecio personal. Tuvo la amabilidad de recibirme un par de veces cuando intentaba contribuir a la transición de mi país de origen aislando al régimen autoritario de entonces. También resulta evidente, cuando se conversa con él a solas, que su cabeza está, como dicen los españoles, bien amueblada. Por último, no es menor el logro de haber presidido una transición cuyos resultados, desde el punto de vista de la apertura política, se palpan nada más pisar el país. Pero, por injusto que suene, lo que necesitaba América Latina de él era infinitamente más de lo que ha dado.

Son más comunes los Presidentes con perfil empresarial en Centroamérica y Norteamérica que en América del Sur. El perfil de Fox, precisamente empresarial, no tiene parangones sudamericanos en la actualidad. Nacido en 1942, vivió en Guanajuato (su infancia la pasó en el rancho familiar de San Cristóbal), donde más tarde iniciaría su carrera pública. Pero la palabra que define su trayectoria, irónica en un país tan nacionalista, es: Coca-Cola. Allí empezó a trabajar en 1964 a bordo de un camión de reparto; alcanzó, mucho tiempo después, la presidencia de la compañía para toda la región latinoamericana. Luego fue diputado y gobernador de Guanajuato, y en el año 2000, a la cabeza del Partido Acción Nacional y la "Asociación de Amigos de Fox", con 42,5% de los votos, rompió 71 años de hegemonía del PRI. Aunque es un conservador entre conservadores (de joven estuvo a punto de entrar al seminario y su partido es de recia raigambre católica), no le teme al escándalo, lo que es reconfortante, como lo mostró cuando se casó, en segundas nupcias, con su colaboradora Marta Sahagún, apenas estrenado su mandato y sin mayores prolegómenos. De modo que todo –su experiencia, su temperamento y su hazaña electoral– apuntaban a una estupenda gestión.

¿Y qué pasó? Pasó algo muy común entre Presidentes latinoamericanos no populistas: la tentación macroeconómica. Se piensa que basta con tener unas finanzas sanas, una macroeconomía sin sobresaltos ni angustias, para que brote el desarrollo. Pero eso es cierto cuando las principales reformas ya están hechas, es decir, cuando la microeconomía –el conjunto de instituciones que norman la vida diaria de la gente de a pie– ofrece garantías para ahorrar, poseer, invertir, comerciar. Si esas reformas no están resueltas y los mercados están bajo control de algunas compañías favorecidas por el gobierno, si hacer empresa es caro y complicado, si el sistema judicial es discriminador y corrupto, y si la burocracia política sigue pesando como un fardo sobre los hombros de las personas, no importa lo bien que ande la macroeconomía: el país no se desarrollará. Esa letra menuda resulta, para el desarrollo, más decisiva que los grandes titulares, como el déficit o la deuda.

Fox no ha liberado a su pueblo de las ataduras que frenan su capacidad de soñar y crear. Es cierto: el PRI, no menos que el PRD, se ha dedicado a sabotear sus esfuerzos en el Congreso. Pero un líder capaz de movilizar la opinión pública en favor de ciertas reformas hubiera ofrecido más batalla de la que ofreció el gobierno del PAN a los neopopulistas. Hay algo de ingenuidad silvestre, un ranchero perpetuo, en el Presidente Fox. Esto ha sido bien aprovechado por el PRI, cuyos políticos, maliciosos y urbanos, han hecho de las suyas. Allí está, increíblemente resucitado, Carlos Salinas de Gortari, moviendo los hilos del PRI y pretendiendo hacer Presidente a Roberto Madrazo, lo que no es nada inconcebible.[59]

Cientos de empresas se han ido a China porque los costos son insoportables. ¿Qué costos? Por ejemplo, los de la energía. Tanto el petróleo como la electricidad están en manos del Estado, a través de la Comisión Federal de Electricidad y del gigante Pemex, por lo que no sorprende que en México la gasolina sea dos veces más cara que en Estados Unidos y que ya haya recortes de luz. Otro ejemplo: los impuestos. ¿Y por qué hay tantos impuestos? Porque el Estado mexicano tiene no menos de 10 mil programas de gasto público, un dédalo en el que la intermediación burocrática hace que se pierdan 80 centavos de cada dólar gastado. Nuevo ejemplo: una legislación laboral que convierte al trabajador en una carga. Ninguno de estos nudos gordianos ha sentido la espada de Fox.

El resultado de este ambiente ha sido una caída de la inversión privada a 16% del PBI, muy por debajo de lo que necesita México para que sus 45 millones de pobres dejen de serlo. La inversión extranjera no suma ya más de 10 mil millones de dólares anuales.[60] Si no fuera por el amortiguador de la economía informal y las remesas de los emigrados, sería el acabose. No olvidemos que el último, a comienzos del siglo 20, costó a México varios cientos de miles de vidas.

En el campo, la estructura de propiedad todavía limita la posibilidad de inversión. Confundiendo el efecto con la

---

[59] El 1 de agosto de 2004, confirmando la tendencia de las elecciones parlamentarias de 2003, el PRI obtuvo importantes victorias en comicios realizados en 14 estados y municipios.

[60] La cifra fue 10,7 mil millones de dólares en 2003. Ver "Mexican Foreign Investment To Jump, Fox Says", despacho de la agencia Bloomberg, 25 de mayo de 2004.

causa, el Estado cree que con ayudas la agricultura mexicana podrá sortear el bache. Pero ese mismo país exporta pepinos y moras a Canadá sin ayuda de nadie. Los subsidios agrícolas por lo general acaban no llegando a destino, como lo mostró en su día el levantamiento de Chiapas contra el PRI, que había hecho de la asistencia al campo uno de sus programas estrella.

El inmovilismo reformista del PAN agravó la recesión que en parte venía por contagio desde Estados Unidos, país con el que México está íntimamente casado, bofetadas conyugales y cuernos de por medio (más de tres cuartas partes de su comercio tienen que ver con su vecino). ¿Sorprende, pues, que desde el año 2000, cuando Fox asumió el poder, la economía casi no registrara crecimiento? Este año, tras la larga recesión, la economía ha vuelto a crecer gracias al repunte estadounidense, pero en volúmenes muy inferiores a los necesarios.

En ciertos momentos, al Presidente no le ha faltado sentido de estadista. Hacia el comienzo de su gestión, los zapatistas organizaron una marcha por 12 estados, a modo de desafío. Fue apropiadamente bautizada como el *zapatour* por sus connotaciones altamente turísticas. En lugar de reprimirlos, Fox los dejó marchar hasta la capital contribuyendo a que la revolución degenerara en bacilón: todo acabó en un carnaval revolucionario perfectamente inocuo y muy divertido que quizá desmitificó para siempre a esa variante "posmoderna" de la lucha armada. ¿Por qué Fox no ha empleado el mismo sentido de estadista y ese carisma que aun lo hace simpático ante muchísimos mexicanos, para sortear los obstáculos del PRI y el PRD? La respuesta sólo puede ser: porque está pasmado. La Marfisa de su película es haber comprobado que la mera gestión de crisis, el tener unas finanzas más o menos sanas, no bastan.

31. *Brasil:* o mais grande

Parece una biografía de diseño. En este caso, diseñada minuciosamente para alcanzar la Presidencia de un país como el Brasil. Luiz Inácio "Lula" da Silva podría haber sido inventado por un asesor de imagen si no hubiera sido concebido por una madre buena y un padre elusivo. Fue el séptimo de ocho hijos de padres labradores que perdieron a otros cinco por esas cosas de la miseria; de Pernambuco, en el Nordeste, emigró a Sao Paulo, donde vivió en el sótano de un bar con su madre y vendió frutas y tapioca por la calle. Se hizo tornero, lo que le costó el dedo meñique en un accidente laboral: se volvió sindicalista metalúrgico, se movilizó contra la dictadura militar, conoció la cárcel, fundó un partido marxistón –el Partido de los Trabajadores–, perdió tres elecciones presidenciales porque daba miedo, convocó el Foro de Sao Paulo en 1990 para agasajar a la izquierda militante internacional y, finalmente, en el 2002, prometiendo "10 millones de empleos" y un "crecimiento espectacular", además de causar catatonia en Wall Street, alcanzó la Presidencia de la República con una montaña de votos. ¿Puede pedírsele más a un aspirante brasileño?

En la Presidencia, Lula ha hecho –en orden ascendente de importancia– tres cosas: obedecer diligentemente al Fondo Monetario Internacional, intentar organizar un sindicato de países pobres contra países ricos y expulsar del país al periodista Larry Rohter de *The New York Times* porque escribió un artículo diciendo que en Brasil se hablaba mucho de la afición del Presidente por la bebida (luego revirtió el ucase a cambio de una disculpa).[61] Lo primero significa que

---

[61] Larry Rohter, "Brazilian Leader's Tippling Becomes National Concern", *The New York Times*, 9 de mayo de 2004.

no se ha realizado una sola reforma significativa para resti-
tuir la respiración natural de la economía, pero se ha logrado, eso sí, un "riesgo país" razonable y por tanto un *spread*
moderado entre los bonos soberanos de Estados Unidos y
los de Brasil, con lo que el FMI baila en una pata porque
este país es, junto con Argentina, su gran deudor. Lo segundo acabó en que ni China, ni India ni Indonesia están
muy interesados en el sindicato de los pobres porque se están volviendo ricos. Lo tercero ha puesto al mundo entero a
hablar de los hábitos nocturnos del Presidente al que todos
—la izquierda porque lo cree de izquierda, la derecha porque lo cree reformado— celebraban hasta hace poco como
el mesías de los pobres (irónicamente, el gobierno usó una
ley de 1980, es decir, de la época dictatorial, para cancelar
la visa de residente del periodista estadounidense antes de
devolvérsela).

Lula pensó que la disciplina monetaria sería el pañuelito
que surtiría la magia de la inversión, que una vez que tuviera ese frente bajo control podría dedicarse a los programas
contra la pobreza y que su ejemplo serviría para todos los
desheredados de la Tierra. ¿Y qué pasó? Lo único que podía pasar sin reformas sustanciales: ningún crecimiento en
el 2003 (en el mejor de los casos el PBI aumentará 3% en
el 2004), más de medio millón de nuevos desempleados[62] y
el arma más mortífera que puede emplear un pueblo contra su gobernante: la chanza callejera. Mientras tanto, los
otros países pobres, como Vietnam, crecen a un ritmo de
8% al año.

---

[62] Ricardo Medina Macías indica en su artículo "Lula, la valerosa e in-
grata popularidad", publicado en el sitio web http://www.aipenet.com
en abril de 2004, que el desempleo formal alcanzó a comienzos de
este año el nivel más alto desde 1985: 19,1%.

163

En un país donde no se han efectuado las reformas claves, la estabilidad monetaria no sólo no trae por sí sola la inversión: resulta ella misma comprometida por la inercia de las cosas. El país se sigue endeudando para pagar la deuda anterior: como si deber alrededor de 300 mil millones de dólares no fuera bastante, la deuda crece 3% cada año a pesar de que, descontando el pago de intereses, el Estado tiene un superávit de más de 4% del PBI.[63] La cosa será peor cuando suban los intereses en Estados Unidos, lo que parece inminente. Limitarse a obedecer al FMI a la larga ni siquiera garantiza llevarse bien con ese organismo. La mejor prueba es que Lula le ha pedido que no considere la inversión pública en infraestructura como gasto estatal. El hombre se ha visto con la soga al cuello y trata, con un cambio de reglas, de aflojar el lazo para recibir oxígeno.

¿Y qué pasa, mientras tanto, con el hambre? Como todo lo que le sobra al Estado, más el nuevo endeudamiento, va destinado a pagar deuda, los programas contra la pobreza –"Hambre Cero", "Primer Empleo"– han resultado, además del caos burocrático propio de todo esfuerzo parecido, un hazmerreír asistencial: el primero no pudo otorgar más de 17 dólares mensuales a cinco millones de personas y el segundo ha provocado chanzas populares, una de las cuales asegura que sólo se creó un empleo: el de un camarero. ¿Qué país salió de pobre con asistencialismo?

El resultado de todo esto no es que los brasileños se movilicen para que Lula haga reformas, sino para que dé más vueltas a la misma tuerca. Confundiendo los efectos de la crisis con sus causas, todos –desde el Partido de Los Trabajadores hasta los industriales que forman parte de su gabinete–

---

[63] Alejandro A. Tagliavini, "El mesianismo de Lula y Kirchner", http://www.aipenet.com, abril de 2004.

le piden que afloje la política monetaria para inyectar dinero fácil a la economía y que el Estado intervenga aun más en la vida de la gente. ¿Que intervenga un poco más en la economía? ¡Pero si ésa es, precisamente, la madre del cordero! El Estado de Brasil tiene, contando todas las administraciones, unos 10 millones de empleados, posee gigantes como Petrobrás y cobra cinco veces más impuestos que los chinos y el doble que los chilenos.

El gobierno creyó que aumentar un poco la edad de la jubilación y hacer pagar impuestos a los pensionistas, resolvería el peso de un sistema previsional que costaba al Estado –al apabullado pueblo– 19 mil millones de dólares anuales.[64] Creyó que con algunas exenciones tributarias, por ejemplo para importar bienes de capital, compensadas con el aumento del impuesto a las transacciones financieras, pondría orden en el Estado y por tanto dispararía la inversión productiva. Nada de eso es suficiente para la prosperidad. En lo inmediato, ayuda a evitar un ataque de nervios en el FMI, pero ¿quién dijo que el desarrollo tiene que ver con sedar –con garantizar la ataraxia– de los funcionarios del FMI? No se trata, desde luego, de hacer la guerra al FMI y la comunidad financiera internacional. Esas deudas las contrajeron los países latinoamericanos libre y absurdamente, y ahora deben pagarlas. Pero hay dos formas de hacerlo: ganando tiempo, como ocurre ahora, o haciéndose prósperos. Es muy peligroso que un Presidente se parezca a la caricatura populista que hace de todo aquel que no lo sea un témpano de hielo, un ente despojado de toda sensibilidad por el padecimiento social: así se termina no cumpliendo,

---

[64] Álvaro Vargas Llosa, "Be Radical, Lula", http://www.independent.org, 11 de noviembre de 2002.

a la larga, con el FMI, pero, lo que es más importante, se termina no cumpliendo a secas.

El Presidente Lula aparece hoy, a pesar de su voluntarismo internacional, desnortado. Ya no es la fuerza de la naturaleza que parecía al principio. Le empiezan a crecer los enanos por todas partes: un incidente de corrupción que involucra a algún allegado de pronto salpica a su gobierno, sus afiebrados seguidores de antaño ahora lo vituperan, los Sin Tierra, que controlan unas 150 mil familias distribuidas en diversos asentamientos, lo denuncian como denunciaban a sus antecesores porque no les reparte los miles de lotes ofrecidos. *O mais grande* está pasmado.

32. Perú: el día perdido

Si uno para a cualquier peruano por la calle y le pregunta por "el día perdido" del Presidente Alejandro Toledo, es posible que sepa perfectamente de qué le están hablando. Se trata de una anécdota embarazosa que un semanario hizo pública con toda maldad en plena campaña electoral del año 2001, y que ha resultado siendo la metáfora de un gobierno que un buen día salió de casa y se perdió.

La anécdota se refiere al 16 de octubre de 1998, día en que el hoy Presidente desapareció sin dar explicaciones, lo que llevó a su mujer, una antropóloga belga de armas tomar, a alertar a la policía, temiendo que se tratara de un secuestro. La investigación policial determinó que, en las horas en que estuvo desaparecido, el economista Alejandro Toledo fatigó al menos dos hoteles en abrigadora compañía femenina. Él aseguró que había sido víctima de un secuestro. Cuando su mujer lo llevó a la clínica San Pablo de Surco a practicarle un examen toxicológico, le fueron encontrados rastros de cocaína y de un barbitúrico llamado fenobarbital. "Me drogó Vladimiro Montesinos", explicó él.

En el 2001, en plena campaña electoral, la revista *Caretas* obtuvo copia de la prueba toxicológica y la publicó, junto con algunos detalles que debilitaban la versión del afectado, bajo un titular perfecto, que con el tiempo cobraría dimensiones de Estado: "El día perdido".[65]

Toledo tenía todas las condiciones para hacer el buen gobierno que prometió: una biografía de superación personal contagiosa, credenciales que combinaban la preparación académica y el coraje cívico, y un escenario de devastación institucional a la caída de la dictadura de Alberto Fujimori que le permitía poco menos que la refundación republicana del país. Para mayor fortuna, un gobierno interino alarmantemente decente, el de Valentín Paniagua, se encargó del proceso electoral y de preparar el terreno al nuevo gobierno democrático.

La biografía de Toledo era la de un "error estadístico", como a él mismo le gustaba decir: había nacido en la localidad de Ferrer, en el departamento andino de Ancash, en una extrema pobreza que le costó la vida a siete de sus hermanos, y había acabado ciñéndose la banda presidencial 55 años más tarde. Su tránsito inverosímil del hambre al poder incluía el oficio de lustrabotas en la ciudad costeña de Chimbote, una beca providencial para viajar a San Francisco, un doctorado en la Universidad de Stanford, el paso por organismos multilaterales, una derrota electoral en 1995 y, en el año 2000, una victoria inesperada que Alberto Fujimori le había arrebatado mediante un fraude, catapultándolo a la condición de líder de la resistencia civil. En junio del 2001, tras vencer a un resucitado Alan García en la segunda vuelta y acompañado

---

[65] "El día perdido", *Caretas*, 22 de marzo de 2001.

por Eliane Karp, una belga judía con pergaminos profesionales que hablaba quechua y no practicaba precisamente el limeño arte del disimulo, logró su cometido.

Tres años después, un clamor general que recorre todas las regiones, estratos y culturas del país, exige su salida del poder. ¿Por qué se perdió? Probablemente muchas cosas que se resumen en una idea central: el divorcio entre el ciudadano y la autoridad. Empezó como un problema personal del Presidente, cuando diversos episodios, y en especial la revelación de que había negado a una hija que sabía suya, fueron poniendo en evidencia una mitomanía mayor que la del político común. Se estableció, desde muy pronto, una "zona desmilitarizada" –una tierra de nadie– entre el mundo mental del Presidente, hecho en parte de autoengaño, y la fe de los ciudadanos, hecha trizas. Esa ruptura, a medida que el clientelismo, el patrimonialismo, las corruptelas y los ajustes de cuentas políticos fueron prolongando una vieja tradición de Estado que Toledo había ofrecido superar, pasó al plano institucional.

Aceleró la descomposición sistemática de las nuevas instituciones la circunstancia de la transición misma. La democracia supuso la desaparición de esas certidumbres y órdenes artificiales que crean los regímenes de fuerza, pero también del sistema de asistencia social de Fujimori que había llegado a adormecer mediante el subsidio a muchos millones de personas mediante el perverso expediente de crear en ellas una dependencia vital respecto del poder político (figuraban en los sondeos como la clase social "E"). El nuevo gobierno democrático no supo llenar –mejor dicho: permitir que se llenaran– estos vacíos. Lo que el ciudadano percibió fue la mediocridad de las instituciones, es decir, la permanencia de los viejos súcubos de siempre: clientelismo, patrimonialismo, corruptela y abuso de poder. El Poder Judicial tocó fondo desde el punto de vista moral, desacreditando, a ojos de mucha gente, a pesar de los indudables espacios de apertura política y de libertad de expresión imperantes, la democracia que encarnaban las nuevas autoridades.

El gobierno confió en que la estabilidad macroeconómica heredada de la era Fujimori, combinada con el fin de Vladimiro Montesinos y su vasto sistema de corrupción y control institucional, bastarían para poner a funcionar la economía. Sin embargo, para lo que bastaron fue para que la economía creciera un 4% al año, gracias a los precios de la minería, principal exportación peruana. Si se tiene en cuenta que el aumento anual de la población se acerca al 2%, ese crecimiento en realidad sólo representa, por habitante, un tímido 2% al año. Pero el malestar generalizado de la sociedad indica que entre el mundo helado de la geometría estadística y el drama de la vida diaria hay un cielo de distancia. Con apenas escarbar un poco, va comprobándose lo mismo que en otros países donde la inercia, en lugar de las reformas, ha decidido el curso de las cosas. La ausencia de instituciones creíbles y de previsibilidad jurídica ha reducido la inversión privada a sólo 14% el PBI, por citar un solo dato (los países asiáticos encaminados al desarrollo tienen un índice de inversión dos veces superior). Equivocando el diagnóstico, el gobierno ha intentado dar una respuesta errada: aumentar la recaudación fiscal con nuevos impuestos. Así se creó el impuesto a las transacciones financieras, después de elevarse el impuesto general a las ventas (equivalente al IVA) a 19%. El resultado no ha sido la lozanía del Estado sino la atonía de la sociedad. La prueba es que todo aumento de la recaudación resulta insuficiente para las inversiones necesarias, drena las energías de la sociedad civil y a la larga acaba traduciéndose en menos recaudación, con lo que todo vuelve al punto de partida.

Como también hemos visto en otros casos, la creencia de que mantener la estabilidad macroeconómica era un objetivo suficiente ha probado ser una ilusión. Una ilusión que, paradójicamente, perjudica también a la macroeconomía: el gobierno de Toledo ha aumentado en más de 6 mil millones de dólares la deuda del Estado mediante constantes emisiones de bonos.[66] Los bonos colocados dentro del país sólo los pueden comprar instituciones como los fondos de pensiones, lo que, en caso de una suspensión de pagos podría, como sucedió en Argentina, arruinar el capital de millones de personas.

¿A quién beneficia este día perdido? A dos extremos que se parecen: los autoritarios que ofrecen mano dura –de allí en parte el crecimiento importante de Fujimori– y los populistas –de allí el crecimiento de un Antauro Humala– que andan echando sapos y culebras contra el capitalismo.

33. Uruguay: el micrófono indiscreto

Al menos, Jorge Batlle, el saliente Presidente del Uruguay, es simpático y –a ratos– algo deslenguado. Eso se aprecia mucho en un mandatario (sobre todo si tiene, como es su caso, 77 años), pues las características contrarias –la pétrea solemnidad y la palabra administrada con cálculo– por lo general esconden un uso demasiado discrecional del poder y un ahorro implacable de la verdad. Y así nos va en América Latina.

---

[66] La deuda externa se sitúa en unos 26 mil millones de dólares. Ver, por ejemplo, el análisis de Javier Zúñiga Quevedo, "La deuda externa a la luz de los resultados", que figura en el sitio web http://www.info-negocios.com.pe

He mencionado en otro capítulo que cuando, en junio del 2002, ante un micrófono de Bloomberg que él creía apagado (¿o no?), Batlle dijo que los argentinos son "una manga de ladrones (...) desde el primero hasta el último", se volvió una estrella internacional. Casi no hubo un argentino que no estuviera de acuerdo con él, interpretando –claro– que su andanada no había estado dirigida contra los ciudadanos en general sino contra la clase política. Se aprecia en Batlle esa característica algo informal también por otras razones. La suya es una familia de Presidentes: José Batlle y Ordóñez fue quien trajo a América Latina novedades como el fin de la pena capital y el divorcio y, con el sistema de previsión social y la jornada de 8 horas, el Estado del Bienestar que había admirado en Europa. Con ello, el sistema relativamente liberal que había imperado en Uruguay a lo largo del siglo 19 y había atraído a tantos inmigrantes, cedió espacio a un sistema dirigista que se hinchó monstruosamente a mediados del siglo 20 y todavía continúa. También el padre del actual Batlle fue Presidente, con lo que el Uruguay del último siglo, de marcado acento estatista, no debe poco a esa familia.

Con semejante abolengo, la falta de solemnidad y de pelos en la lengua atenúa en parte lo que hay en Jorge Batlle de político tradicional –que es mucho tratándose del Partido Colorado–, de un dirigente que ha pasado también por el Congreso y del clásico Presidente "dinástico". También facilitan, a veces, la comunicación con la gente, pues las explicaciones políticas y económicas se hacen más digeribles para el gran público. Por ejemplo, Batlle explica así el proteccionismo comercial estadounidense y europeo, que daña a América Latina: "Me hace acordar a un juego que jugaba mi hermana cuando era muy chica. Un juego de cartas: cuando ella tenía el 7, mataba al 6, y cuando tenía el 6, mataba al 7. Es un juego difícil, ¿no?, pero entretenido...". A caballo entre el abuelo hablador y el parroquiano del café de la esquina,

171

Batlle es un contrabando de afabilidad e ingenuidad en una era de Presidentes picarescos y dúplices.

Hechas todas estas salvedades respecto de la cualidad personal del mandatario, sería deshonrar la verdad decir que Batlle ha hecho un buen gobierno. Aunque la hecatombe argentina explica en parte que la economía uruguaya cayera 11% en el 2002 y 3% en el 2003 (este año crece entre 3 y 4%), el problema de fondo es que en aquel país nadie reforma nada desde hace mucho tiempo. Uruguay vive de su vieja gloria ("la Suiza de América", decían de él), pero el prestigio pretérito no basta para los jóvenes de hoy. En ellos pesa más el hecho de que entre 1998 y el 2002 el ingreso per cápita cayese a la mitad (se sitúa alrededor de los 3.800 dólares[67]) y que las cifras oficiales registren que una de cada cinco personas está desempleada, estadística a la que debe sumarse, como en todo país latinoamericano, el abultado subempleo. Hasta 1999, Uruguay tenía el menor índice de desigualdad de América Latina, lo que equivale a decir que reposaba sobre una clase media muy sólida. Hoy, esa capa intermedia se enflaquece a medida que engordan los extremos.

Hana Fischer ha explicado, en un texto implacable, la astracanada en que acabó convertido el referéndum que debía eliminar el monopolio estatal de importación, refinación y exportación del petróleo y sus derivados.[68] El gobierno aprobó una ley para eliminar el monopolio, pero condicionó su entrada en vigor a que se lograra una asociación de capitales extranjeros con la empresa estatal uruguaya a fin de fortalecer –léase salvar– el ente. Quienes debían beneficiarse

---

[67] "World Development Indicators Database", Banco Mundial, julio de 2004.

[68] Hana Fischer, "Política uruguaya, guerra de guerrillas", http://www.aipenet.com, diciembre de 2003.

–los empleados estatales– forzaron un referéndum para tratar de derogar la norma. En diciembre del 2003, venció la opción que exigía la derogación. Por tanto: ni el gobierno apoyaba una verdadera privatización y desmonopolización, ni los empleados estatales defendían a su empresa (la asociación con capitales foráneos buscaba precisamente salvarla). Como de costumbre, el gobierno acusado de "neoliberal" emprendió un ensayo de reforma que nada pretendía reformar, cediendo a la oposición neopopulista todas las ventajas posibles. No es necesario añadir que el resultado de este referéndum, simbólico de toda una etapa, pasmó al Presidente Batlle.

No hay razón para que el Uruguay no sea una "Suiza" latinoamericana. Su agricultura, que ha atraído capitales últimamente, y sus servicios de alta calidad así lo insinúan. El país tiene una población mejor educada que buena parte del resto de los países de la región, no sufre de impuesto a la renta (aunque sí de un IVA criminal de 23%) y su sistema de justicia es mucho menos pútrido e inepto que el de sus vecinos. Lo que no tiene es lo que Batlle y sus antecesores no pudieron darle: un liderazgo capaz de arrebatar al Frente Amplio-Encuentro Progresista el monopolio de la ilusión y de la idea de cambio justiciero. La no renovación del liderazgo político en los dos grandes partidos, todavía adheridos como lapas al viejo Estado del Bienestar aunque parezca que pretenden reformarlo, los ha apartado de la gente joven y de las preocupaciones de las grandes ciudades.

El espacio resignado lo ha ocupado el populismo de Tabaré Vázquez, cuyo mérito ha sido esencialmente liquidar los acoquinados intentos de cambio que se han dado, como el de un Luis Alberto Lacalle del Partido Nacional, hace unos años o, ahora, el de Batlle (con el agravante de que ambos partidos se sabotean mutuamente, como cuando el "colorado" Julio

María Sanguinetti hizo campaña para que un intento de reforma dirigido por el "blanco" Lacalle fuese rechazado en un referéndum en los años 90). Al igual que otros populismos, el uruguayo olvida la gran lección británica de 1834, cuando Benjamin Disraeli sentenció: "la pobreza es un crimen" y puso en vigor la Ley del Pobre,[69] creando asilos infantiles que resultaron un horror digno de *Oliver Twist* y frente a los cuales las fábricas donde antes trabajaban los niños resultaban un Edén. Más tarde los ingleses descubrieron que el libre comercio es un asilo mucho más tierno para niños pobres. ¿Lo descubrirá el Uruguay?

Metas demasiado tímidas, discurso demasiado macroeconómico, organizaciones demasiado anticuadas: la "tragedia" de Batlle es, como hemos visto, la de otros mandatarios atentos a algunas de las lecciones del mundo moderno pero incapaces de interpretarlo en su propia acción política. Aun si uno de los dos partidos tradicionales lograra lo que a estas alturas sigue pareciendo muy difícil –evitar el triunfo electoral del populismo en octubre–, uno se pregunta de qué servirá esa victoria mientras el sistema sea incapaz de romper sus propios candados, mentales lo mismo que institucionales. Uruguay da para mucho más que para un Presidente de lengua entrañable y decencia anticuada. Falta sólo que los uruguayos se den cuenta de ello.

34. *Pasmado versus neopopulista, ventaja neopopulista*

Tenemos, pues, a dos adorables personajes, el pasmado y el neopopulista (o "neoidiota"), disputándose América Latina.

---

[69] Gertrude Himmelfarb, *The Idea of Poverty*, New York: Knopf, 1984.

El primero no tiene la culpa de que las cosas estén tan mal, sino de que no cambien. El segundo no tiene tanto la culpa de que estén mal, como de que cambien para peor. Hemos tenido, desde luego, muchos pasmados y muchos neopopulistas en el pasado, pero me refiero a esta década rara que vivimos después del torbellino reformista de los 90. Para aquél, la pregunta central es: ¿cómo ser gobierno y parecer oposición? Para el otro, la pregunta es distinta: ¿cómo ser radical sin resultar sólo redundante?

Cuando Lula, Fox, Toledo o Batlle defienden ante sus agitados auditorios la prudencia, parecen resguardando un orden en el que alrededor de la mitad de la población es pobre, en el que los beneficios de la globalización tienen dueño privilegiado y en el que no se puede aspirar a nada que no sea una cifra congelada en un informe burocrático. Cuando Chávez o Evo Morales, por citar sólo dos ejemplos del bando contrario, defienden las mismas barbaridades que venimos padeciendo desde hace muchas décadas, parece que estuvieran propugnando un orden nuevo y distinto. Los primeros cargan con una culpa ajena que, sin embargo, se vuelve también suya. Los segundos logran la magia de desdoblarse de tal modo que aquello de lo que su estirpe es culpable se independiza de aquello que ellos profesan, y resultan siendo lo contrario de lo que en verdad son. No es la primera vez que ocurre este extraño cambalache en América Latina. Sucedió, por ejemplo, en los años 80, cuando en el Perú Fernando Belaunde fue desbordado por Alan García, que sin embargo proponía un sistema no muy distinto en su esencia aunque mucho peor en su magnitud.

Otra ventaja de la que goza el neopopulista frente al pasmado es que aquél suele disimular mejor sus propias contradicciones. Por ejemplo, el presidente Kirchner pagó con puntualidad matemática los 3 mil millones de dólares que debía pagar al FMI a comienzos del 2004, pero se las arregló para arrojar sobre esa institución toneladas de lava volcánica en los días previos a su acto de puntual obediencia. ¿Resultado? Nadie lo acusó de entreguista. El no populista, en cambio, suele disimular muy mal aquellas acciones que contradicen su discurso, entre otras cosas porque por lo general se coloca trampas a sí mismo, como cuando Toledo, durante su campaña electoral, firmó un papel en la ciudad de Arequipa comprometiéndose a no privatizar dos empresas eléctricas y al pretender meses después hacer eso mismo, provocó un levantamiento popular.

Como el crecimiento económico todavía está muy vinculado a las materias primas y éstas ven sus precios oscilar de abracadabrante manera en los mercados internacionales, el pasmado siempre aparece como culpable de una realidad que lo desborda. Es cierto que hoy en día no más del 40% de las exportaciones latinoamericanas tiene que ver con las materias primas, pero dicho porcentaje es engañoso porque México incide en él de forma desproporcionada (las materias primas representan sólo un 16% de las exportaciones de dicho país[70]). Cuando los precios suben, también lo hacen los indicadores económicos, pero no el empleo. Cuando bajan, sucede lo mismo con los indicadores económicos. Por tanto, el pasmado nunca gana. Ésa es una realidad permanente que, en muchos países, coloca en desventaja a quien aparece como defensor del statu quo.

El pasmado debe entender que muy poco del actual estado de cosas es rescatable. Por ejemplo, cuando cree que la prudencia fiscal es buena en sí misma, no se da cuenta de

---

[70] Nationmaster.com, que compila estadísticas de numerosas fuentes oficiales, publica en su sitio web, http://www.nationmaster.com, los datos pertinentes a las exportaciones de los tres países norteamericanos en el año 2003.

que se puede ser fiscalmente prudente con un alto nivel de gasto y de impuestos, lo que empobrece a los países aunque parezca que se está eludiendo el populismo. El neopopulista, en cambio, insurge, lanza en ristre contra el actual estado de cosas sin importarle la consecuencia de su discurso. ¿Significa esto que el pasmado siempre estará en desventaja? No, significa que debe sacudirse el embrujo de Marfisa –la musa de su pasmo– y recuperar la soberanía de su propia voluntad. Si lo hace, verá que la realidad que lo circunda necesita cambios y que es posible marginar el discurso contrario copando el espacio reformista, hoy abandonado. Verá de inmediato que se requiere algo más que gestión de crisis para lograr, como Vietnam, crecimientos de 8% o, como Estonia, colocarse en los primeros puestos en los índices de libertad económica o, como la India, atraer servicios que las compañías estadounidenses ya no quieren domiciliar en su país de origen.

Aunque el partido ARENA de El Salvador no es por completo ajeno a muchos de los problemas que arrastran nuestros reyes pasmados, exhibe un par de logros que deberían ser imitados. El primero: no haber perdido el discurso del cambio. Va por su cuarto gobierno consecutivo y cada vez que está en campaña parecería que lleva un siglo en la oposición. El segundo: la renovación continua de su liderazgo. Es cierto que es un partido demasiado adscrito a la clase empresarial salvadoreña, y la separación entre gobierno y negocios debe ser tan estricta como la que hay entre gobierno e iglesia. Pero nadie puede ganar elecciones sólo con respaldo empresarial, de modo que es evidente que existe una masa de votantes jóvenes de condición modesta para los que esa opción representa siempre una apuesta más segura por el cambio. En el caso de El Salvador, no es ni siquiera un cambio, sino una acelerada extensión de lo que ya está en marcha.

En los otros países todavía imperan el caudillismo, la dinastía y la digitación aun entre los no populistas. Los partidos de los pasmados parecen cualquier cosa menos vehículos para la participación renovada de sucesivas generaciones de aspirantes. Sus discursos asexuados y cansinos son una prolongación de esta realidad institucional. ¿Serviría de algo que funcionen como empresas, al estilo taiwanés? Quizá, pero antes que la modalidad asociativa, el problema es la cultura política.

El peligro que representa el pasmo político para el futuro de América Latina es doble. De un lado, garantiza el automático, inercial agravamiento del sistema imperante, pues el inmovilismo de los dirigentes no entraña el inmovilismo del sistema, que tiene su propia dinámica burocrática y se agrava. De otro, facilita la radicalización de los neopopulistas, precisamente porque el agravamiento surte de argumentos e imágenes la impaciente, salvífica cruzada contra lo establecido que llevan a cabo. Un buen ejemplo de esto es el sector del Partido de los Trabajadores que acusa de traidor al Presidente Lula en Brasil o, en Perú, el surgimiento del fenómeno Humala. Un buen ejemplo de aquello es el hecho de que el desempleo peruano haya aumentado aun cuando las cifras macroeconómicas arrojan un crecimiento anual de 4%, o que, a pesar de haber predicado la austeridad, el gobierno de Toledo haya reclutado en la práctica cerca de cien mil nuevos empleados públicos sin necesidad de una directiva.

35. Síntomas por causas

Quizá una razón fundamental por la cual los gobiernos que no son populistas no hacen reformas es que en nuestra cultura política todavía no han arraigado algunas nociones esenciales, algunos principios sin los cuales toda acción de gobierno acaba siendo una mera gestión de crisis. Peter Bauer, el húngaro nacionalizado británico que batalló durante buena parte del siglo 20 contra los estropicios de las ideologías tercermundistas, escribió que la clave del desarrollo es "la expansión de las opciones, el aumento del espectro de alternativas disponibles para el público".[71] Es una excelente definición, que nos ayuda a entender mejor por qué fallamos tanto. Si el sistema actual, en todo los campos, desde el tributario hasta el comercial, reduce las opciones, significa que un gobierno que pretenda permitir el desarrollo del país debe eliminar aquellos impedimentos que en la actualidad limitan la libertad de elección de la gente.

Lo que hace que muchos gobiernos no puedan detectar esos impedimentos –y por tanto no concentren esfuerzos en eliminarlos– es la confusión entre síntomas y causas. Se cree que los efectos de las malas políticas son el problema, y al atacar esos síntomas sin remover sus causas, lo que se termina haciendo es perpetuando el sistema que inhibe la prosperidad. Por ejemplo, se cree que los precios son altos por la maldad de los empresarios. Hay muchos de ellos que sí son malvados (de hecho Adam Smith dedicó 900 páginas a lapidarlos), pero si se trata de reducir los precios atacando el efecto –es decir, con alguna forma de control– se acaba perjudicando a quienes quieren obtener esos bienes o servicios tanto o más que a quienes los ofrecen. La verdadera causa de los altos precios en cualquier país es por lo general la falta de competencia, real o potencial, por culpa de alguna interferencia política que dificulta el ingreso de competidores al mercado.

---

[71] Peter Bauer, *Economic Analysis and Policy in Underdeveloped Countries*, Londres: Cambridge University Press, 1957.

Hay muchas confusiones parecidas. Se cree que la falta de inversión resulta del escaso patriotismo y por tanto se acaba supliendo esa ausencia con inversión estatal, como intenta hacer Lula en Brasil. El problema no es la falta de inversión –el efecto–, sino aquello que la ocasiona. Por lo general, la falta de inversión tiene que ver con la poca seguridad jurídica y el exceso de impuestos y reglamentos. La inversión privada está en apenas 14% del PBI en Perú precisamente por esa razón. Sin eliminar esta causa, y pretendiendo atacar los efectos con inversión pública, se empobrece más a la sociedad.

Se cree que la falta de empleo se debe a que el gobierno no lo protege tanto como debería. Por tanto, se pretende atacar el efecto contratando empleados públicos o protegiendo a los que ya tienen trabajo. El desempleo argentino de dos dígitos en las últimas décadas, sin embargo, como en casi todas partes donde hay un fenómeno semejante, tiene que ver con el costo de generar empleo. En Argentina, la negociación por ramas ha hecho –para hablar del sector metalúrgico– que un trabajador que construye submarinos y otro que fabrica clavos operen dentro del mismo acuerdo colectivo. Todo esto supone un costo para el creador de empleos –el empresario pequeño, mediano o grande–, y por ende hay menos trabajo.

Si las AFPs cobran mucho a los pensionistas afiliados, como en Perú, es por falta de competencia. La solución no es, como pretende una iniciativa reciente, atacar el efecto permitiendo que los afiliados vuelvan al sistema estatal, sino remover las barreras que impiden una mayor competencia privada. Si la recaudación tributaria es de 12%,[72] como en

---

[72] "Mexico's Economy: Food For Thought", *The Economist*, 20 de noviembre de 2003.

México, la solución –en el supuesto de que uno considere el aumento de la recaudación un objetivo bueno en sí mismo– no consiste en aumentar los impuestos o crear otros nuevos, sino en reducir o eliminar los muchos que hay. El Presidente Fox intentó aumentar la recaudación por la vía de una expansión del IVA. Su iniciativa fue derrotada, pero el acuerdo al que finalmente llegaron unos y otros resultó una forma distinta de hacer lo mismo: estirar aun más la larga mano del Fisco. Precisamente porque hay tantos impuestos es que hay tan poca recaudación.

Si hay mucha gente en la economía informal (por ejemplo en Panamá, donde el 60% de las horas-hombre trabajadas no forman parte de la economía legal[73]), la causa está en el alto precio de actuar dentro del sistema formal. Eliminar estos costos y trabas legales, en lugar de perseguir el contrabando, es la manera de no confundir síntomas con causas.

Si la ayuda asistencial para los más pobres aumenta pero la pobreza no disminuye, la causa no hay que buscarla en la insuficiencia de los recursos transferidos sino en el sistema que hace del poder político, en lugar de las iniciativas creadoras de la sociedad, el arma por excelencia contra la pobreza. Por ejemplo, en Perú la malnutrición ha aumentado en 30% en los últimos tres años a pesar de todos los esfuerzos del gobierno por sostener el sistema asistencialista. Un estudio reciente indica que menos de la tercera parte de los recursos puestos a disposición del programa Vaso de Leche –financiado con transferencias de gobierno central a los

---

[73] Friedrich Schneider, "Size and Measurement of the Informal Economy in 110 Countries Around the World", informe del Banco Mundial, julio de 2002. Está disponible en la página web http://rru.worldbank.org/documents_informal.pdf

municipios– llega a destino.[74] Es un programa cuyos recursos han crecido como la espuma desde su inicio en los años 80, pero cuya efectividad es cada vez menor. Atacar el síntoma –la aparente insuficiencia de recursos– sólo perpetúa la causa, que no es otra que la inoperancia, el despilfarro y la corrupción de casi todo programa estatal. ¿Quiénes son los perjudicados? Los más pobres entre los pobres.

Muchos de nuestros gobiernos fracasados no son necesariamente populistas, ni sus intenciones son autoritarias o totalitarias. Muchos de nuestros gobernantes fallidos dicen cosas muy sensatas cuando hablan de economía o de política. Pero algo muy importante –la confusión entre síntomas y causas– les impide avanzar. Esa confusión es la Marfisa que los pasma.

36. *La resaca*

Buena parte de lo que nos está pasando tiene que ver con el fracaso o insuficiencia de las reformas de los años 90. En otro libro analizo de forma extensa ese episodio clave de nuestra historia reciente para tratar de extraer las lecciones que permitan, la próxima vez que se abra la oportunidad de hacer reformas, lograr los objetivos adecuados. Desde 1998 vivimos una resaca contra esas reformas de los 90, expresada de múltiples formas. Las más saltantes son cuatro: el rechazo de las privatizaciones (los mexicanos se oponen a la privatización de la energía); las muecas de disgusto frente al libre comercio (Brasil rechaza el ALCA no por insuficiente sino

---

[74] José Luis Sardón, "Un Vladimiro Montesinos cada año", http://www.
libertaddigital.es, 20 de mayo de 2004.

por excesivo, Perú pone salvaguardas a las importaciones de China); el hecho de ahuyentar el capital extranjero (los bolivianos se oponen a que un consorcio internacional exporte gas natural a los Estados Unidos y México a través de Chile) y la fobia de algunos sudamericanos contra Chile.

Otra característica de la resaca es que la política tradicional –un Hugo Chávez, un Lucio Gutiérrez– aparece como una respuesta precisamente a lo tradicional, disfrazada de novedad rupturista y adánica. El propio Néstor Kirchner irrumpe como un renovador de su partido, como portaestandarte de una corriente joven, pero la esencia de su credo debe mucho –casi todo– al viejo justicialismo argentino. En México, el PRI atacó al primer canciller de Fox, Jorge Castañeda, un hombre que venía de la izquierda, acusándolo de ser demasiado dócil con Washington, olvidando que fue precisamente el PRI, en su última etapa en el poder, el que estrechó lazos políticos y económicos con su "vecino distante". De este modo, el PRI recupera astutamente su virginidad política de cara al electorado, a pesar de que su "nordofobia" actual recupera una vieja tradición que sólo se interrumpió cuando Carlos Salinas de Gortari y más tarde Ernesto Zedillo dieron un giro a las relaciones con Washington.

Esta fuerte resaca es la que tiene a los pasmados en actitud defensiva. Para conjurar el pasmo, es preciso que extraigan de lo ocurrido en los 90 las lecciones pertinentes. Si con privatizaciones y liberalización, los países –con excepción de Chile y República Dominicana– no crecieron ni 5% al año y, por ejemplo, la deuda pasó de 480 mil millones de dólares a cerca de un billón de dólares en la actualidad,[75] salta a los ojos que hubo fallos importantes. No admitir que algo falló

---

[75] No confundir con *one billion* en inglés.

es ceder la iniciativa a perpetuidad a los neopopulistas y por tanto perpetuar también el pasmo de quienes no lo son. Lo que falló fue, por citar ejemplos rápidos, que los gobiernos transfirieron empresas y activos pero no poder de decisión, creando monopolios y oligopolios en lugar de permitir la competencia, aumentaron los gastos y por tanto subieron los impuestos después de haberlos bajado, reemplazaron los viejos aranceles con nuevas trabas al comercio, usaron la política monetaria para atraer cierto tipo de inversiones a costa de otros productores y de los ahorradores, y adquirieron compromisos asistenciales que luego no pudieron sostener. Es decir, no fue la libertad económica lo que fracasó, sino su ausencia. La retórica librecambista que acompañó esas reformas hizo que el aumento del desempleo, y en muchos casos de la pobreza, quedara asociado a políticas que tenían poco que ver con el mercado. Esta percepción da hoy ventajas importantes a los neopopulistas y acorrala a los partidarios de la libertad. En medio, los despistados musitan su desconcierto.

37. Embrujo macroeconómico

Todo esto nos indica que la verdadera economía no está en los "agregados" macroeconómicos que tanto seducen a nuestros gobernantes y tantos bostezos suscitan en los ciudadanos de a pie, sino en la vida diaria de la gente, en ese espacio en el que las personas son o no libres de decidir por su cuenta entre distintas opciones posibles. Si el PBI de un país aumenta 4%, como va camino de ocurrir este año en muchos lugares de América Latina, y la población crece alrededor de 2%, la verdad es que estamos avanzando muy poco, por no decir casi nada. Unos cuantos rubros dinámicos pueden inflar el

PBI, pero eso no necesariamente indica que para el gran número hay una expansión de las opciones. Por ello, América Latina es pobre aun cuando su PBI creció en promedio 5% al año desde la década de 1940 hasta fines de los 80 (índice superior al de Europa).[76]

Un buen ejemplo de cómo un recurso por sí solo puede elevar engañosamente una cifra de crecimiento macroeconómico sin que signifique necesariamente que muchos otros campos del quehacer diario progresan, es lo que ocurre en Argentina. La exportación de soja, en buena parte porque los chinos la están comprando a raudales para convertirla en pienso para su ganado, fue uno de los factores que permitió a los argentinos registrar un aumento del PBI, durante el 2003, de poco menos de 9% (el precio de la soja ha bajado últimamente).

Al mismo tiempo, la industria sigue en ruinas. Si uno toma la cifra de crecimiento por sí sola, parecería que los argentinos están camino a la prosperidad general. Lo que ha sido resultado de factores como la devaluación y el aumento de los *commodities* (que así como un día se disparan, otro día se vienen a pique), aparece como un milagro gubernamental. Ha ocurrido muchas veces antes en la historia de América Latina y así nos va.

Esto no quiere decir que deba menospreciarse el éxito de un determinado rubro, como no puede menospreciarse el de una sola empresa exitosa. En la actualidad, 200 multinacionales representan la cuarta parte de la producción total en el mundo. Desconocer el éxito de esas empresas y lo que

---

[76] Álvaro Vargas Llosa, "Latin American Liberalism: A Mirage", *The Independent Review*, Vol. VI, N°3, invierno de 2003.

su contribución representa para el progreso económico sería infantil. Tampoco debe hacerse ascos a la naturaleza por haberles dado a los países andinos una riqueza minera que, gracias al desarrollo asiático, hoy tiene mercados seductores. Pero nuestros reyes pasmados deben ir más allá de la cifra engañosa porque de lo contrario les va a ocurrir lo de siempre. Tener menos empresas públicas que antes, una baja inflación y muchas reservas en el Banco Central, no basta para que la mitad de la población que vive con menos de dos dólares al día, acceda a unas condiciones de vida decentes.

Si bastara, nuestros países serían desarrollados hace mucho tiempo: la ola de nacionalizaciones y estatizaciones, así como la inflación desbocada, son fenómenos de las últimas décadas que un latinoamericano adulto de los años 50 no conoció. Al menos no en la magnitud de años posteriores. Y, sin embargo, ese sistema no era propicio para una creación de riqueza permanente, aun cuando es cierto que en un país como Venezuela existía en los años 50 mucho más bienestar económico que ahora (alguna vez se habló en América Latina de la "Venezuela saudita").

Perú, como lo he mencionado antes, ha tenido una situación monetaria estable durante el gobierno de Toledo (bastante más estable que el propio Presidente). Pero por no hacer reformas, ese mismo gobierno ha apelado de manera maniática a la emisión de bonos soberanos dentro y fuera del país, y a nuevos impuestos o al alza de algunos ya existentes, para hacer frente a unos gastos que han cobrado una dinámica propia a pesar de muchos ministros relativamente austeros. Es una ilusión creer que las cosas siguen igual que antes cuando uno pretende mantenerlas como estaban. Lo que en realidad ocurre es que si uno no reforma el sistema, el sistema acaba reformándolo a uno. De allí el aumento de la deuda, que no es otra cosa que el aumento del Estado

en perjuicio de los ciudadanos. Si uno tiene un déficit fiscal bajo pero mucha deuda, el FMI por lo general aplaude como foca al país en cuestión, sin caer en la cuenta de que, en esencia, ambas cosas –déficit y deuda– son la misma. Y este tipo de política, para colmo, vale al gobierno la acusación de "neoliberal" por parte de los neopopulistas. Así, cuando un liberal de verdad saca la cabeza y propone una reforma, aparece defendiendo lo indefendible y debe esconderla antes de que se la corten. El pasmo como política de gobierno acarrea consecuencias a largo plazo independientemente de las intenciones, méritos conyugales, tics nocturnos, encantos privados, virtudes espirituales, condiciones intelectuales o hábitos deportivos del pasmado.

38. Pasmo democrático

No debería dejar a nadie con la boca abierta el hecho de que más de la mitad de los latinoamericanos digan en las encuestas que están desilusionados con la democracia y que se inclinan por gobiernos autoritarios. Precisamente porque este desencanto existe, los neopopulistas han logrado derrocar, en algunos casos, o acorralar, en otros, a gobiernos democráticos. La legitimidad democrática que muchos de nuestros gobiernos pasmados exhiben, y a la que se aferran como último madero de salvación flotando en la marejada, cada vez dice menos a la gente común, que reclama nuevas formas de legitimidad por parte de sus dirigentes.

La culpa la tienen nuestras democracias, que no son lo que dicen ser. Es decir, no funcionan dentro de un marco de Estado de Derecho aun cuando el origen de sus autoridades sea electoral, ni descansan en instituciones imparciales sino altamente parcializadas en favor de determinados intereses;

187

en ellas, el ejercicio del poder es un acto patrimonial mediante el cual el Estado pasa a ser una propiedad de la que los gobernantes disponen con olímpica libertad. Éste no es un asunto nuevo. Se ha hablado mucho del divorcio entre nuestras constituciones y nuestras realidades ("repúblicas teóricas", las llamó José Martí). Pero las cosas no cambian. Como dicen en Perú, cada gobierno resulta la misma chola con diferente calzón.

Aquí van algunas razones por las que la democracia carece de todo *sex-appeal* para los gobernados. La primera razón es que "democracia" no es lo mismo, como se cree comúnmente, que programa de gobierno. Semejante confusión lleva a extender al conjunto del sistema el desprestigio de un gobierno en particular. La democracia es sólo un mecanismo de representación política. La segunda razón es que "democracia" tampoco es lo mismo que Estado de Derecho. La confusión de ambas cosas lleva a muchos a pensar que el origen electoral de un gobierno es la clave de todo, cuando se trata en verdad de un asunto menos importante que el sistema de garantías permanentes –situado por encima de los sucesivos gobiernos– que llamamos Estado de Derecho. Si uno confunde ambas cosas, no valora a este último y se contenta con el origen legítimo del gobierno de turno. El tercer problema es que, precisamente porque no hay Estado de Derecho, el Estado no otorga garantías generales sino parciales. Como en la granja de George Orwell, unos cerditos son más "iguales" que otros. Así, la democracia aparece como sinónimo de privilegio, lo que a su vez acarrea desgobierno, pues los diversos grupos y facciones de la sociedad, como hemos visto, se organizan para hacerse con el botín a como dé lugar. Allí es cuando –y esta es la cuarta razón– la democracia aparece como anarquía, en el sentido de caos y violencia social. Exactamente lo que han vivido varios países andinos últimamente. Que venga la mano dura, se dice entonces, y el viejo ciclo vuelve a empezar.

Este conjunto de razones, y otras más emparentadas con ellas, explican que una democracia como la venezolana, con cuatro décadas de duración ininterrumpida, súbitamente diera paso al desastre de los últimos años. La alternancia de gobiernos neopopulistas y de gobiernos pasmados llevó a esa democracia a perder el respeto del público. A la democracia se le corrió el rímel y perdió sexualidad. Era cuestión de tiempo para que llegara el caudillo turbulento que la abofeteara.

Cualquiera que tenga alguna experiencia de la vida en dictadura entiende que es preferible la democracia latinoamericana, con sus vicios y abusos, al régimen despótico. Pero, para mucha gente, las democracias cometen tantos abusos y los beneficios de la libertad de expresión son tan poco inmediatos, que se tiende a perder de vista la frontera que separa ambos sistemas. En Perú, por ejemplo, se han cometido muchas torpezas y chapuzas de república bananera en los procesos contra los ex miembros del régimen de Fujimori, por lo que algo que era indispensable –el juzgamiento de políticos a todas luces corruptos– ha acabado siendo a ojos de mucha gente un proceso de venganza política. Cuando el gobierno de Toledo era popular, se notaba poco. Cuando fue impopular, se notó más. Algo parecido puede acabar ocurriendo en Argentina, donde la necesaria revisión judicial de la etapa de Carlos Menem, en la que hubo mucha corrupción, puede degenerar en ajustes de cuentas si continúan los responsables políticos dictando a los jueces desde la palestra lo que deben o no hacer. En las democracias latinoamericanas, la lucha contra la corrupción a menudo significa la venganza política y la sustitución de la antigua corrupción por la nueva. Del mismo modo, "reforma" suele significar cambiar a los antiguos funcionarios por los nuevos, sin mudanza de ideas o usos.

Esta reflexión viene a cuento, al cierre de esta cuarta parte del libro, porque el pasmo político está desprevenidamente contribuyendo a destruir la legitimidad democrática en la que tanto se recuesta para justificarse a sí mismo.

Quinta parte

NI NEOPOPULISTAS NI PASMADOS

39. La década tonta

Vivimos la década tonta. Sabemos lo que no queremos, pero todavía no sabemos lo que sí queremos, y en ese desconcierto atontado se nos está yendo la nueva década, que debía haber sido el inicio auspicioso del nuevo milenio latinoamericano. Entre los raros ensayos neopopulistas y la medianía inmóvil de los pasmados, estamos perdiendo un tiempo precioso, que otros, de Estonia a China, han ganado. Seguiremos un tiempo más en esta navegación sin destino hasta que algo —esa trama de elementos imprevistos que abren oportunidades un buen día— dé paso a un nuevo intento de cambio raigal. En esta quinta parte haré algunas sugerencias acerca de lo que podríamos hacer en el momento en que decidamos sacudirnos de la inercia procesionaria que nos gobierna hoy, pero, antes, es preciso recapitular los rasgos esenciales del panorama actual.

Tenemos, por un lado, al neopopulismo. Si bien los neopopulistas han aprendido que la hiperinflación es mala y que el amurallamiento contra las importaciones y los capitales foráneos desnuda a los países en lugar de abrigarlos, están actuando de un modo que permite anticipar una crisis. Agotado el rebote que acaba de iniciarse, vendrá, de la mano con la hinchazón del Estado, cierta anemia productiva y, a la larga, una crisis fiscal que puede derivar en el desentierro de esas momias que la izquierda dice haber enterrado para siempre. Desde Kirchner, acaso el menos inmoderado del inmoderado club, a Chávez, loco como una cabra, pasando por los que están a las puertas del poder en distintos lugares, los neopopulistas ofrecen la perseverancia en el viejo error. Se basan en una crítica a la década anterior que acierta en los síntomas y yerra en las causas.

Del otro lado, los pasmados, de Lula a Toledo y Fox, pasando por algunos que están en camino, sólo cabe esperar retoques y afeites, virtudes cosméticas, para hacer menos impresentable la ya impresentable realidad. Y lo que está ocurriendo es que, por oposición, crecen los neopopulismos o las opciones nihilistas y, en alguno que otro caso, nuevos pasmados que no se reconocen en el espejo cuando critican aquello que practican.

Fuera de esa dinámica neopopulistas-pasmados, están los casos de Uribe, que sí sabe lo que quiere pero está muy maniatado por la guerra que monopoliza sus desvelos, y de Lagos, que avanza en ciertos temas, como el comercio, y hace pequeños retrocesos en otros, como el trato a la inversión extranjera en los capítulos minero y energético, llevado por la presión de una opinión pública y un calendario electoral agobiantes, pero que, hechas sumas y restas, mantiene el rumbo. Se da también, con matices distintos, el caso salvadoreño: el partido, más que tal o cual Presidente, aparece, en virtud de su permanente renovación, como impulsor de unos cambios que todavía no han perdido vapor a pesar de ciertos contratiempos. Por razones antes expuestas, ni Uribe ni Lagos, y mucho menos El Salvador, están en condiciones de contagiar al resto del continente sus propias visiones, más modernas y abiertas que las de sus vecinos.

Por eso, no será esta generación de líderes la que abrirá las puertas y ventanas para que entre un chiflón refrescante que renueve el aire denso y opresivo de la casa latinoamericana. Y ninguno de los líderes que en la actualidad se postula como alternativa frente al gobierno vigente ofrece cosas muy distintas de las que ya se dan. En Perú, Alan García sostiene que la solución de la agricultura pasa por dotar de más recursos al Agrobanco; en México, el PRI y el PRD creen que hay fronteras demasiado abiertas y que los capitales extranjeros han colocado un amenazante pie en los monopolios estatales del petróleo y la energía eléctrica; en Uruguay, en el caso improbable de que no gane Tabaré Vázquez, el que vendrá tenderá a vivir de la temporal recuperación argentina, buey que tira de la carreta oriental, y así sucesivamente.

Nada de esto debe ser motivo para el pesimismo definitivo. Lo único que significa es que debemos ir preparando el terreno de las ideas para la próxima década, en la eventualidad de que esta década tonta sólo dure una década. ¿A qué aspiramos los ciudadanos de a pie?

40. *Ciudadano al mando*

En América Latina no hay muchos ciudadanos, lo que hay son unos cuantos ciudadanos y muchos zombies despojados de la potestad de tomar decisiones por cuenta propia. En todas partes los representantes políticos y los burócratas toman decisiones en nombre de las personas, pero en América Latina toman muchas más que en otros lugares. El ámbito de las decisiones que puede tomar un individuo es mucho más reducido, ya sea en dictadura o en democracia.

Cuando hablamos de descentralización, solemos referirnos a la de la burocracia, no de la toma de decisiones. En el Brasil, por ejemplo, se llevó a cabo una impresionante regionalización bajo el marco del federalismo: el resultado no fue la desconcentración del poder central sino su reproducción en las dos docenas de estados federales. En Perú, la regionalización ha resultado cualquier cosa menos la posibilidad de que las provincias aumenten su incidencia en la vida productiva de país: después de Lima, que representa bastante más de la mitad del PBI, la ciudad con mayor peso productivo sólo representa el 6%. Descentralizar burocracia es centralizar riqueza.

Durante los años 90, fueron transferidos muchos activos del Estado pero no necesariamente el poder de tomar decisiones. Si uno transfiere un monopolio, se da una desestatización de activos pero no del poder de decisión, pues las personas no pueden participar, es decir, competir, en ese mercado o determinar, mediante la elección de opciones alternativas, qué empresa va a atender sus apetencias, y a qué precio.

Cuando fue derrocado por el alzamiento indígena, el boliviano Sánchez de Lozada dijo que se había tratado del "primer golpe de Estado que dan las ONGs". En efecto, muchas de estas organizaciones, y no sólo en Bolivia sino también en países como Colombia, hacen activismo político altamente sesgado. En cierta forma, han sustituido a los partidos políticos. Pero la culpa no la tiene ninguna conspiración golpista, sino un sistema mediante el cual aquéllos han perdido legitimidad y vigencia porque no han representado los derechos de todos, sino de algunos en desmedro de otros. Es decir, los partidos no han sido expresión política de la ciudadanía, sino parcialidades y facciones.

Existe también en algunos países –para poner otro ejemplo– una excesiva incidencia del estamento militar en la vida de la gente, ya sea de forma directa o indirecta. Resulta anacrónica, para quienes lo vemos desde fuera y sospecho que también para muchos que están dentro, la renta cuprífera que el ordenamiento legal chileno reserva para las Fuerzas Armadas de ese país. Es otra forma de restringir la capacidad decisoria del ciudadano común.

El hecho de que haya tantas personas ganándose la vida en lo que se conoce como la economía informal es una señal, precisamente, de que en América Latina es muy complicado hacerse ciudadano. Cuando hacer negocios por la vía legal es caro y difícil, y a veces sumamente riesgoso, sólo hay dos opciones: la dieta permanente, es decir, tratar de violar la inviolable ley biológica, o ganarse la vida esquivando leyes y normas político-económicas. El sistema obliga a uno a dejar de ser ciudadano.

Todo esto conduce a una conclusión apabullante: la necesidad de apoderar al ciudadano latinoamericano devolviéndole el poder de tomar decisiones, eliminando aquellas interferencias de la autoridad política que limitan o anulan el ejercicio de su ciudadanía en todos los campos, materiales o espirituales. Si no emprendemos esta transferencia de poder en favor de la persona común y corriente, tendremos más episodios como el levantamiento boliviano o, recientemente, los linchamientos ocurridos en la zona de Puno, en Perú. Los desbordes populares no son gratuitos. Aun cuando respondan en lo inmediato a agitadores interesados –como suele ser el caso–, nacen de un estado de ánimo muy propio del que ha sido durante mucho tiempo despojado de su dignidad. Dignidad: capacidad de sentirse propietario, productivo, participante, libre.

41. Generación cuarentona

Hace algunos años, en un evento de jóvenes organizado por la UNESCO y el Banco Interamericano de Desarrollo, García Márquez dijo: "Ustedes los soñadores menores de 40 años deben recordar que las cosas de este mundo, desde los trasplantes del corazón a los cuartetos de Beethoven, existieron en las mentes de sus creadores antes de que se hicieran realidad. No esperen nada del siglo XXI, que es el siglo XXI el que lo espera todo de ustedes".[77] Es una frase apropiada para reflexionar sobre la urgente transfusión de sangre que necesita la vida política. El surgimiento de los ciudadanos en general debe ser, antes, el de ciertos ciudadanos particulares: una nueva clase política. No existe, sin el cumplimiento de semejante condición previa, la menor posibilidad de que algo cambie para bien.

La razón es muy simple: quienes están a cargo del poder en nuestras sociedades son todavía, años más, años menos, quienes se formaron bajo las ideas que están en el corazón del problema que tenemos entre manos. Aun los jóvenes que integran las agrupaciones políticas u organizaciones representativas son deudos de esa herencia. Frente a este impedimento, sólo cabe jubilar a la actual clase dirigente. Pero ya se sabe: los políticos, como los boxeadores, no se terminan de retirar nunca. La forma que el destino ha reservado para la jubilación del boxeador reacio es antipática: el beso de la lona, derechazo inapelable de por medio. No sugiero aplicar el mismo método para jubilar a nuestros dirigentes (ganas

---

[77] El texto es citado en una nota de prensa difundida el 9 de marzo de 1999 en el sitio web del Banco Interamericano de Desarrollo: http://www.iadb.org

no faltan), pero sí obligarlos a hacerlo. De lo contrario, no ocurrirá nunca. ¿Y cómo conseguirlo? Pasando por encima de ellos.

La historia latinoamericana es también la de sus caudillos. Venezuela perdió muchos años por la infinita rivalidad entre Carlos Andrés Pérez y Rafael Caldera; Perú perdió otros tantos en el enfrentamiento entre Haya de la Torre y Fernando Belaunde; todavía se respira en Argentina el duelo eterno entre Perón y los militares, y así sucesivamente. El peronismo y el antiperonismo, o el aprismo y el antiaprismo, polarizaron a sus respectivos países durante décadas por cuestiones que a fin de cuentas no tenían que ver con el meollo de nuestro subdesarrollo. Hoy ya no están las mismas figuras, pero sí sus herederos políticos, aunque van perdiendo legitimidad.

La derecha española, por ejemplo, resolvió este entrampamiento que alguna vez también fue suyo jubilando a la generación de Manuel Fraga, heredera directa del franquismo, y renovando por completo sus cuadros dirigentes (aun cuando Fraga siga haciendo política en Galicia, su incidencia real en el Partido Popular es inexistente). Con José María Aznar no llegó un nuevo líder, sino una nueva generación, que es lo mismo que había ocurrido antes con el socialismo de Felipe González. No juzgo aquí los gobiernos de ambos líderes, sólo apunto que España jubiló a su clase dirigente y por eso pudo renovar bastante de su trama institucional. Cuando Tony Blair se hizo con el control del Partido Laborista, reflejó una revolución generacional en cierta forma forzada por el éxito de Margaret Thatcher, que jubiló a los dinosaurios del viejo socialismo. Esos dinosaurios –por ejemplo Neil Kinnock– no eran necesariamente viejos en edad, pero sí matusalénicos en ideas y reflejos condicionados. Nosotros no hemos sabido hacer lo mismo. Aunque a veces hemos renovado cuadros y rejuvenecido apariencias con *liftings* de medio pelo, no hemos cambiado de ideas básicas. No hemos colgado los viejos hábitos.

América Latina tiene una ventaja sobre Europa y los Estados Unidos: su población joven crece (aun cuando a un ritmo bastante menos acelerado que antes y todo apunta a que la tendencia puede variar pronto), mientras que las sociedades desarrolladas envejecen. Esto significa que existe, en potencia, un terreno abonado, o camino de ser abonado, para el surgimiento de una nueva generación política, capaz de revertir el curso de lo actuado por las generaciones precedentes. Nunca es saludable poner en las manos de los políticos la solución de los problemas, pero dadas las circunstancias, es indispensable que el armatoste político-legal que entorpece la marcha de la sociedad sea desmontado desde el propio poder; de allí lo indispensable de una nueva generación política, sustentada en una nueva generación social: la de los treintones y cuarentones.

42. Derogar... y seguir derogando

Uno de los aportes fundamentales de esta nueva generación reformista será su capacidad para aprender del ejemplo de los países que alcanzaron el desarrollo. Si uno observa que en la época en que Estados Unidos o el Reino Unido se dispararon hacia las estrellas el Estado no consumía más del 10% de la riqueza de ese país, la lógica indica que debemos tender hacia una disminución notable del Estado latinoamericano en tamaño y, lo que es acaso más importante, en injerencia. Y la mejor forma de hacer eso es derogar leyes o normas –u organismos creados por esas leyes y normas– que impiden la multiplicación de las empresas pequeñas, medianas o grandes y el comercio, así como la posibilidad de que las personas ahorren el fruto de sus esfuerzos para invertir en el futuro.

En 1873, el secretario de la Law Society de Inglaterra estimó que, de las 18.110 leyes aprobadas desde los tiempos de Enrique III (siglo 13) hasta principios del siglo 18, cuatro quintas partes fueron total o parcialmente derogadas por los reformistas Whigs.[78] Ese simple dato explica en una medida muy importante el espectacular progreso británico de la era moderna. Todas las diferencias culturales o étnicas que puedan darse entre los británicos y las diversas variantes del latinoamericano resultan poco significativas frente a esta verdad histórica: mientras menos leyes y normas, menos privilegios para los ricos y más oportunidades para los pobres. Suena paradójico y absurdo. Lo lógico parece lo contrario: que los Estados hagan leyes para los pobres precisamente para protegerlos de los ricos. Pero las leyes que prohíben o redistribuyen –casi todas hacen una de estas dos cosas, o ambas– necesariamente limitan el ámbito de oportunidades y los incentivos de quienes crean riqueza o de quienes aspiran a crearla. Cuando hay muchas leyes, los ricos se recuestan en ellas para protegerse de los ciudadanos comunes y corrientes, porque saben que de otra manera éstos tienen el poder de decisión mediante el ejercicio de sus opciones.

¿Por qué tres siglos de Colonia fueron incapaces de generar prosperidad? Porque la Colonia descargó un millón de leyes sobre los hombros de la gente. ¿Por qué a las repúblicas independientes tampoco les ha ido mucho mejor? Porque

---

[78] Albert J. Nock, *The State of the Union; Essays in Social Criticism*, Indianápolis: Liberty Press, 1991 (el libro reúne póstumamente una serie de ensayos del autor escritos y/o publicados en los años 30 y 40).

han disparado cientos de miles de cañonazos legales contra el pueblo. Es lo que un francés, Marcel Planiol, llamaba "la inflación de la ley".[79] ¿Y qué hace la gente ante ésta? Se protege de ella. ¿Y cómo se protege? Eludiéndola. Por eso se suele decir que en América Latina nadie respeta la ley. En realidad, se la ha devaluado como sucede con una moneda cuando alguien la infla o una honra cuando alguien la prostituye. Cuando se hace público que la actual Presidencia argentina ha aprobado 67 decretos en un año, superando el ritmo de las dos anteriores administraciones, lo que queda claro es que seguimos arrastrando la vieja tradición normativa heredada de la era colonial.

Derogar leyes y normas, pues, es ir contra esa larga tradición. Sólo esa nueva generación de líderes dispuestos a adoptar una mentalidad distinta frente a la legislación será capaz de derogar muchas normas, o de reemplazarlas infinitamente más limitadas en su alcance. Esto tendrá un costo: mucha gente cree que cada ley es una "conquista" (como si se tratara de un vaquero o un cohete espacial) y por eso los parlamentarios se esfuerzan en decir que fabrican muchas. Pero si los nuevos dirigentes son capaces de comunicar a la gente los beneficios que una derogación de éstas traerá a sus países, muy pronto empezarán a brotar los resultados y la sociedad comprobará que lo que le dicen es cierto. Le bastó a Irlanda derogar leyes tributarias (o cambiarlas por otras de menor alcance, lo que en la práctica resultó casi igual que derogarlas) para convertirse en la vedette internacional de los años 90. Dejó de ser el patito feo de Europa occidental y pasó a convertirse en la envidia de todos. Eso lo consiguió

---

[79] Alberto Benegas Lynch, *Las oligarquías reinantes*, Buenos Aires: Atlántida, 1999.

derogando sólo una pequeña parte de su maraña legislativa: nada comparable a lo que hicieron los Whigs ingleses.
No debemos ser ingenuos y pensar que es posible derogar
cuatro quintas partes de la legislación de un plumazo porque hay demasiados intereses de por medio y las resistencias
políticas, económicas y sociales serán muchas. Pero hay que
moverse en la buena dirección una vez que la crisis abra la
oportunidad.

43. *Conquistar la insignificancia*

Cualquiera que haya asistido alguna vez a una conferencia del
escritor cubano Carlos Alberto Montaner le habrá oído decir
que los políticos latinoamericanos deben conquistar la insignificancia. Esto, desde luego, es más fácil decirlo que hacerlo.
El ego humano no parece muy propenso a tamaña humildad.
Si usted tuviera que llevar un currículum a una empresa para
impresionarla y obtener de ella un empleo, ¿lo encabezaría
jactándose de haber conquistado la insignificancia? Y si usted fuera el empleador y le trajeran semejante hoja de servicios, ¿emplearía al aspirante? Si usted quisiera colarse en la
historia con mayúsculas, ¿conquistaría la insignificancia, o
se inclinaría más bien por conquistar Troya o las Galias?

Todo en América Latina marcha a contrapelo de este acto
de humildad política: lo que el chileno Claudio Véliz llamó
la "tradición centralista";[80] el caudillismo; el sistema presi-
dencialista; la cultura de la dependencia y la debilidad de la
sociedad civil. El único esfuerzo de insignificancia política

---

[80] Claudio Véliz, *The Centralist Tradition of Latin America*, Princeton:
Princeton University Library, 1980.

en dos siglos de vida republicana independiente se dio en Uruguay, cuando en la primera parte del siglo 20 se ensayó una suerte de presidencia colegiada, al estilo suizo, pero el experimento no funcionó (por lo demás, no basta con que el esfuerzo sea sólo el de la institución presidencial). Mientras más grande es el poder del gobernante sobre la vida de la gente, menor es el poder de la sociedad. Y viceversa. En economía, por ejemplo, es importante tener en cuenta que la escasez –el hecho de que no haya suficientes recursos para satisfacer simultáneamente todos los deseos humanos– implica la necesidad de un sistema de racionamiento, es decir, no tanto de distribución como de *no* distribución de bienes y servicios. La gran paradoja del mercado, que es el intercambio y la cooperación voluntaria, es que, precisamente porque raciona como no sabe hacerlo el Estado, en él abunda la riqueza. En cambio, la redistribución dirigida desde el poder la evapora. Por eso, mientras más insignificante sea la intervención del gobierno en la producción y distribución de bienes y servicios, más prosperidad habrá.

Tenemos una idea tribal, mágico-religiosa, del gobierno y por eso es tan difícil entender que no es otra cosa que un grupo de personas en quienes se delega poder. Pero si no lo limitamos, salimos perdiendo mucho o todo, del mismo modo que si metemos al vecino en nuestra casa y nos vamos de viaje cuatro meses haciéndole sentir que nada de lo que haga en ese tiempo tendrá consecuencias, lo más probable es que al regreso no encontremos ni al gato. El poder, si no hay más remedio que soportarlo, debe ser obligado a ceder espacio. No bastará con que esperemos de ciertos políticos particularmente sabios un acto de insignificancia: hay que forzarlo desde abajo. Para eso, precisamente, se inventó una cosa llamada Estado de Derecho, el famoso *rule of law*. Es lo mismo que "conquistar la insignificancia", sólo que en un lenguaje rebuscado. Cuando no se tiene este sistema, la gente sale a exigir la insignificancia de sus gobernantes a golpes, como hemos visto con tanta frecuencia últimamente en América Latina.

No se trata de cambiar el sistema político, sino la relación entre el gobierno y la gente. Si sólo cambiáramos el sistema presidencial por el sistema parlamentario, lo más probable es que seguiríamos arrastrando los mismos males. Y tampoco se trata de la calidad personal del gobernante, aun cuando es obvio que entre un Patricio Aylwin, que fue un gobernante muy prudente en Chile, y Arnoldo Alemán, que fue un Presidente bribón en Nicaragua, hay una distancia que las respectivas sociedades aprecian de forma muy notable. Hay que ir mucho más a fondo y asegurarnos de que la prudencia de un mandatario no dependa de su propia calidad personal sino de un conjunto de "candados" que impedirían a cualquiera que lo intentase acceder a espacios prohibidos, donde debe reinar la libertad del ciudadano.

¿Por qué funciona mejor la justicia de Costa Rica, Uruguay y Chile que la de Venezuela, Perú o México? Precisamente porque, con obvias excepciones, en los primeros tres países el poder político de los gobernantes ha sido por lo general más limitado que en los otros.

44. Poder social

En su obra maestra, *Our Enemy, The State*,[81] publicada en los años 30 del siglo pasado, el escritor estadounidense Albert J.

---

[81] Albert J. Nock, *Our Enemy, The State*, Nueva York: W. Morrow & Company, 1935.

Nock contrapone el "poder social" al "poder estatal", demostrando, en un largo recorrido por ciertas zonas de la historia europea y norteamericana, cómo el segundo ha intentado sofocar al primero. Recuerda que en la época en que las sociedades que hoy conocemos como el pelotón de avanzada de la humanidad tenían estados más pequeños, la gente resolvía los problemas de la sociedad por sí sola, y con gran creatividad, rapidez y eficiencia. Desde la indigencia hasta las plagas o catástrofes naturales, tenían respuestas caritativas, solidarias y sumamente ingeniosas por parte de las personas, lo que se asociaba de buen grado en toda clase de montepíos y grupos vecinales para hacer frente a estos desafíos. La sociedad no carecía de problemas, ni todos ellos tenían respuesta definitiva, pero esa insuficiencia era la de la inevitable condición humana.

Con el tiempo, el poder estatal fue desplazando al poder social, y por la ley del menor esfuerzo, la gente se fue acostumbrando a dejar que la autoridad le resolviera los problemas o le suministrara, a veces directa, a veces indirectamente, su sustento. Por eso hoy es tan difícil, incluso en los países avanzados, hacer reformas: cualquier disminución de poder estatal supone devolverle a la gente la responsabilidad de su propia vida, y eso causa temor. En América Latina, el problema es aún más grave: la tradición del aplastante poder estatal es más antigua, el número de gente que depende de él es mayor, y la capacidad de creación de riqueza del poder social es todavía pequeña, lo que aumenta la angustia. El poder social ha sido tan golpeado que mucha gente podría morir de hambre si el poder estatal se retirara de la escena por completo de la noche a la mañana. Trampa mortal: la culpa de esa condición la tiene el poder estatal, pero precisamente debido a que el poder social ha sido sofocado es que la transición de un poder al otro amenaza a gente que no tiene hoy otra opción.

Sin embargo, no sólo es posible revertir esta inadecuada composición de fuerzas entre el poder estatal y el poder social, sino que, a la larga, es la única forma de vencer el subdesarrollo. Por lo demás, América Latina no carece de ejemplos de lo que es capaz de hacer el poder social. Cuando las pensiones chilenas revirtieron a sus legítimos dueños y la gente pudo, a través de sus libretas, controlar el destino de sus propios ahorros, lo que ocurrió fue una hazaña del poder social: las pensiones sumaron en poco tiempo un capital equivalente a cerca de la mitad del PBI, es decir, de todo lo que produce Chile en un año. Los chilenos de a pie no prestan hoy mucha importancia a este fenómeno porque se han acostumbrado a él, y lo ven como parte del paisaje natural de las cosas.

Otro ejemplo: los políticos calculan que el contrabando peruano, que no es otra cosa que el libre comercio de los pobres, "cuesta" unos mil millones de dólares (excluyendo el narcotráfico). Es decir, el Estado prohíbe el libre comercio de ciertos productos –incluyendo hilos o gasolina– para proteger a sus allegados o a sus propios burócratas; pero la gente pobre, que desea adquirir esos productos a precio barato, los compra incesantemente a quienes son capaces de suministrárselos, y así evita ser más pobre de lo que ya es. Eso es poder social.

Los políticos muchas veces se cuelgan del poder social cuando necesitan votos. Elogian la capacidad de la gente para organizarse, ayudarse mutuamente, crear pequeños negocios, encontrar oportunidades donde no parecía haberlas. Pero, una vez que llegan al poder, actúan en desmedro del poder social, prefiriendo aumentar o sostener el poder estatal, aun cuando sus buenas intenciones pasen por otorgar ayudas, lo que aumenta la relación de dependencia.

Por eso, la misión de la próxima generación de líderes políticos es empezar la hercúlea tarea de revertir la desproporción actualmente existente entre poder estatal y poder social. Y ese cambio es cultural antes que legal. Implica una dosis generosa y seductora de comunicación, para lograr dos cosas: que la gente venza el miedo a medida que cobra conciencia de los muchos logros de los que es capaz por su propia cuenta, y que entienda que la raíz actual de su propia pobreza está precisamente en la superchería según la cual es el poder estatal el que la va a rescatar de la miseria.

Tenemos la idea equivocada, en América Latina, de que "sociedad civil" significa unas cuantas ONGs bullangueras con financiamiento exterior. No: "sociedad civil" es esa extraordinaria proliferación de asociaciones voluntarias, redes de socorro mutuo, organizaciones de acción comunitaria, etc., que en los países más avanzados han permitido, a pesar del enorme avance del poder estatal, preservar unos espacios inviolables de poder social. También los latinoamericanos son creativos, sacrificados y valientes para organizarse. Basta mirar lo que han hecho en los pueblos jóvenes de Perú las redes de mujeres que reparten la escasísima ayuda que llega desde el gobierno. Se han organizado –abejas laboriosas– sin que nadie les diga cómo hacerlo. Si esa misma gente se sacude un buen día la superstición de que su existencia depende del poder estatal, no hay proeza económica y social que no esté en condiciones de igualar o superar. Pero ese salto, esa transición cultural, requiere un liderazgo particularmente visionario.

45. La otra mejilla

Una de nuestras características notorias es que nos encanta flagelarnos porque otros se flagelan, o para decirlo de otro modo: ponemos como condición para dejar de flagelarnos el que otros dejen de flagelarse también. Es tan absurdo como suena. Por ejemplo, los países andinos tienen un arancel exterior de hasta 20% que encarece los productos importados para la gente pobre que quiere adquirirlos al mejor precio posible. La excusa que damos es que como otros países hacen lo mismo —o sea, porque ellos se flagelan— nosotros nos infligimos parejo castigo.

Otro ejemplo: cuando los brasileños invierten en la siembra de soja en Paraguay, los paraguayos (país en el que por lo menos desde los años 30 no asoma un instante de lucidez ni por casualidad) denuncian un complot de su poderoso vecino porque a ellos no se les permite, a su vez, "penetrar" la agricultura brasileña. Por lo pronto, la razón por la que los paraguayos no "penetran" la agricultura brasileña es que no tienen capital disponible para invertir allí. No se debe a una conspiración brasileña sino, en todo caso, a una conspiración paraguaya contra su propio país... Pero supongamos que el argumento conspirativo fuese cierto: ¿es ésa una razón inteligente para que Paraguay se prive de un capital foráneo que le viene de perillas? Lo mismo pasa cuando los peruanos constatan que los chilenos ya tienen invertidos 2 mil millones de dólares en su país. "Se quieren quedar con el Perú", aúlla la prensa, ululan los generales retirados, vociferan los políticos-veleta. ¿Qué quieren? ¿Que se vaya el capital y el Perú se quede pobre sólo porque todavía no tiene, en contrapartida, 2 mil millones de dólares que puedan darse el lujo de apostar por Chile?

Los empresarios informales del Perú crearon una estupenda industria textil, eludiendo las leyes intervencionistas. Pero una vez que ganaron terreno y, por ejemplo, surgió el pequeño emporio de Gamarra en Lima, empezaron a pedir privilegios (los mismos que ellos denunciaron y derrotaron en su día, esquivando la ley, para abrirse paso). ¿Resultado?

Perú anunció salvaguardas contra las importaciones chinas por la "competencia desleal" de las confecciones de ese país. ¿A quién castigan? Castigan mucho más a los peruanos pobres, que ya no pueden comprar confecciones baratas, que al chino que ya no puede exportar tantas al Perú.

Todos decimos estar con el libre comercio, la integración regional y la apertura, y basta ver el detalle, la letra menuda, de las políticas que llevamos a cabo para comprobar que eso es mentira. Solemos retroceder en materia de apertura económica al primer hipo económico. Haríamos bien en advertir que los países que dieron menos tumbos, que fueron más estables y previsibles, y por tanto más amables con quien invertía, compraba o vendía, obtuvieron mejores resultados.

En una reciente columna, el argentino Martín Krause se refiere a un estudio de Philippe Jorion y William Goetzmann (Global Stock Markets in the Twentieth Century) sobre el desempeño de las Bolsas durante el siglo XX.[82] Midieron el rendimiento del mercado de las acciones en 39 países, por encima de una tasa de interés básica. Estados Unidos está en primer lugar, con una prima de 4,3%. Sólo tres países latinoamericanos obtuvieron retornos positivos: Chile (2,99%), Uruguay (2,4%) y México (2,3%). Aun siendo positivos, estos tres resultados son bastante pobres. Ellos –y de forma más flagrante los resultados de todos los demás países latinoamericanos– demuestran una cosa: constantes marchas y contramarchas de los gobiernos, precisamente porque se enfrascaron en inútiles guerras políticas y comerciales (a veces también militares), a partir del principio de que sólo se concede lo que el otro da.

---

[82] Martín Krause, "¿Dónde invertir?", http://www.aipenet.com, junio de 2004.

O cambiamos esta mentalidad, o dentro de un siglo seguiremos igual. La próxima generación reformista haría bien en renunciar a la paranoia y entender que si un vecino se castiga a sí mismo, no hace falta hacerlo también con uno mismo. Si un vecino le da a uno una bofetada elevando un arancel o poniendo una traba al capital foráneo, la respuesta ideal es poner la otra mejilla. No por razones de sacrificio altruista, sino por puro amor propio. En ese campo, todo es al revés: el que da bofetadas en verdad está machacando sus propios mofletes, y el que en apariencia las recibe, las está infligiendo, con disimulo, al contrario.

46. Brigadas juveniles

Había una época en que los jóvenes latinoamericanos se entregaban a causas idealistas; por lo general eran de inclinación de izquierda, pero de cualquier modo los animaba la convicción de que podían cambiar el mundo. A algunos parecía animarlos inclusive la ambición de Rimbaud: cambiar la vida. Nunca se creó nada parecido a los Cuerpos de Paz de Kennedy, pero el entusiasmo y el desprendimiento con que los jóvenes abrazaban movimientos políticos o sociales era parecido al que llevó a muchos estadounidenses a sacrificarse por los pobres del mundo.

Hoy, en cambio, los jóvenes de Latinoamérica por lo general han abandonado la ilusión. Se han vuelto escépticos o cínicos frente a todo aquello que represente una opción política o una promesa de cambio social, y si algún ideal persiguen suele tratarse del deseo de emigrar. Es posible que no haya impugnación más grande que pueda hacerle un joven a su país que el abandono de toda esperanza de cambio y la voluntad de dejarlo para siempre. Pero seríamos ingenuos o ciegos si no entendiéramos que se trata de un estado de ánimo muy extendido. No siempre se traduce en una emigración física. A veces es de tipo espiritual y mediante ella los jóvenes expresan un desapego a cualquier cosa que signifique creer que es posible mejorar el conjunto de la sociedad. Algunos expresan ese desencanto con el nihilismo o el fanatismo ideológico, o simplemente con la actitud antisocial. El fenómeno de las bandas criminales centroamericanas o de las barras bravas del fútbol en tantos de nuestros países tiene algo que ver con eso.

No voy aquí a analizar por qué y cómo hemos llegado a este estado de cosas. Me limito a apuntar que el cambio pasa por volver a encender un ideal –un volver a creer– en el espíritu de los jóvenes. No lo digo por pura retórica idealista ni por cálculo electoral. Lo digo por una razón práctica: no hay forma de renovar las instituciones de un país si no hay una masa crítica dispuesta a sostener el esfuerzo de sus líderes. Como el cambio es, en esencia, la abolición de todos los privilegios entronizados por el poder político, exige hacer frente a intereses creados sumamente poderosos. Sólo la movilización de los jóvenes, que por definición están más dispuestos a tomar riesgos y soportar sacrificios, puede plantearles batallas.

En un capítulo anterior mencioné la necesidad de renovar la clase dirigente con una nueva generación de líderes. Esta vez sugiero que esos líderes tienen la misión de enrolar a los jóvenes, de todas las formas creativas posibles, en el ejército del cambio. No se trata de politizarlos. Al contrario, si en algo consiste la reforma pendiente es en la despolitización de la sociedad, que está atosigada de mandatos políticos encubiertos bajo el altruismo del Estado. Pero hasta que la sociedad pueda despolitizarse y cada persona, familia o asociación pueda dedicarse a perseguir sus fines sin la interferencia matonesca del poder, es indispensable convocar a los jóvenes a la lucha, pues sin ellos no será posible reformar nada.

¿Es soñar despierto el pretender que se formen brigadas juveniles de gentes dispuestas a realizar la tarea de comunicar el cambio? Precisamente allí –en la comunicación– reside buena parte del desafío. Si el gran número acaba por hacer suyas, gracias a una comunicación inteligente por parte de las brigadas juveniles, algunas de las ideas centrales del cambio, éste será menos utópico de lo que parece. Los jóvenes pueden ser el vehículo primordial entre la idea del cambio y la renovación de la mentalidad social. Por tanto, no se trata aquí, como ha ocurrido siempre, de que ellos cumplan el papel de pegar afiches, cantar en los mítines o hacer vigilias. Se trata de un esfuerzo con implicancias mucho más trascendentales. Ellos, los jóvenes, deben ser la correa de transmisión entre la nueva generación de líderes y la sociedad a partir de una función de carácter netamente intelectual o, para decirlo más ampliamente, de carácter cultural. Desde luego, esto no está reñido con la alegría ni la música. Todas las formas de expresión –y las artísticas son sumamente eficaces por contagiosas, además de profundas– valen para comunicar ideas. Lo importante es entender que el cambio pasa por elevar el rol de los jóvenes a una función que nunca les ha confiado causa política alguna: la transformación de la mente.

47. La metamorfosis

El antídoto contra la demagogia es la propiedad. Cuando se tiene algo que defender, es más difícil que uno sucumba a los cantos de sirena del populismo. Por eso, el político que quiera cambiar América Latina haría bien en tratar de lograr que en el más breve período, mediante la eliminación de barreras, la gente acceda a la propiedad. Cuando, en el Reino Unido, el Partido Conservador permitió a las personas hacerse accionistas de las grandes empresas privatizadas, el Partido Laborista entendió que debía abandonar la demagogia si quería volver al poder. Algo parecido sucedió en España. José María Aznar, gracias a algunas reformas encaminadas en el buen sentido, logró que 8 millones de españoles se hicieran propietarios de acciones y que surgiera medio millón de nuevas empresas. De inmediato, José Luis Rodríguez Zapatero, quien a la postre venció al Partido Popular en las elecciones, aseguró que no revertiría muchas de las cosas que habían hecho sus adversarios.

Así como cierta derecha ha despreciado los "derechos humanos", cierta izquierda ha despreciado los "derechos económicos". Quien aspire a transformar los países latinoamericanos debería aprender la lección de los países que han aprendido a respetar ambas cosas, pues en verdad son una misma. ¿Qué sociedad posee derechos humanos si se la despoja del derecho a ser propietario? ¿Qué sociedad posee derechos económicos si se desprecian sus derechos humanos? Y cuando un ciudadano siente que ha recuperado esos dos derechos que son el mismo, ¡ay del político que pretenda quitárselos! El reformista sólo vencerá al neopopulista si se apresura en respetar ese doble derecho.

Al neopopulista no debemos aspirar a exterminarlo, como creen algunos intolerantes, sino a convertirlo. ¿Cómo? Dando a sectores cada vez más amplios de la sociedad razones materiales para defender un espacio de libertad frente a la arremetida eventual del poder. En ese escenario, el neopopulista, ya sea de izquierda o de derecha, sólo tiene dos opciones: empecinarse y morir como político, o mudar de piel para seguir vigente.

Esto es más complicado en los países –por ejemplo los andinos– donde mucha gente del interior está tan alejada de los grandes mercados que vive en condiciones casi de subsistencia. ¿Qué propiedad puede defender alguien que vive en esa condición? No será la ideológica, porque la gente no se preocupa por la ideología. La única posibilidad de un cambio es ese contexto es la crisis del neopopulismo, que por oposición abre, de vez en cuando, oportunidades para la reforma. Cuando ella se da, sólo el acceso de una masa crítica de personas a las bondades de la libre empresa puede garantizar la continuidad del modelo.

Digo bien continuidad del modelo y no necesariamente del Presidente o el partido. La alternancia es buena porque evita que los mismos se adueñen y eternicen en el poder. Es preferible para un país que un buen modelo social se sostenga por encima de la alternancia entre los partidos a que dependa de una sola fuerza. En algún momento, ceder el gobierno a la oposición corresponderá a ARENA en El Salvador, o a la Concertación en Chile, como les ocurrió al Partido Popular en España y, antes, al Partido Conservador en el Reino Unido. Cuando eso ocurra, sólo si los ciudadanos tienen suficientes razones para resistirse a un eventual cambio de modelo, será posible impedirlo. Lo anterior no quiere decir que no haya que hacer ningún cambio o que el modelo esté completo. Al contrario: todavía están pendientes, desde México hasta Chile, numerosísimas reformas. Pero el cambio no debe ser para delante sino para atrás, de allí la indispensable necesidad de un consenso social.

Cuando los políticos hablan de consenso suelen referirse a conciliábulos entre políticos, o entre políticos y grupos representativos de otros sectores. Aunque esto alguna vez ha producido buenos resultados (como los Pactos de La Moncloa en la España de la transición), por lo general no sirve para mucho. El consenso se da cuando una buena reforma gana adeptos a lo largo y ancho de la sociedad, y los demás políticos, bajo presión de opinión pública o por mero instinto de preservación, se adaptan a las nuevas circunstancias. Ésta es una lección que arrojan todos los ensayos exitosos de reforma.

48. *El museo*

Finalmente, ningún país puede avanzar sin memoria. Si uno olvida lo que ciertos políticos hicieron, crece la posibilidad de tropezar con la misma piedra. Hemos repetido tantas veces en América Latina los errores del pasado, que ha llegado la hora de que exista un museo. En verdad, varios museos: uno por cada país. Es cuestión de levantar fondos entre algunos patriotas dispuestos a prestar un servicio a su tierra, y pocos servicios serán más útiles que el de atrapar para siempre, entre las paredes eternas de un museo, el recuerdo de nuestras múltiples barbaries.

Muchos adversarios de la "idiotez" política creen, absurdamente, que hay que desaparecer del mapa todo vestigio de esa maldición. Al contrario: hay que tenerla muy presente, leer sus libros, ver sus imágenes, memorizar sus nombres. En esto hay que aprender —haciendo las obvias salvedades— de los israelíes. Han preservado la memoria del Holocausto de tal modo, que no hay generación que no reviva esa tragedia y la sienta como propia. Si en América Latina pudiéramos preservar intacta, para ser transmitida de generación en generación, la brutalidad política de los gobiernos que han abusado de sus ciudadanos despojándolos de sus derechos y dignidades, evitaríamos que cada generación tenga que hacer, por la vía de la repetición de los viejos errores, el mismo aprendizaje. Ese aprendizaje vendría ya incorporado a la cultura de cada nueva generación gracias a la memoria viva.

Hay latinoamericanos que no saben lo que es una cárcel política o una fosa común. Hay latinoamericanos que no saben lo que es tener que entrar a un banco con un saco de papas, como ocurría en la Bolivia de Siles Suazo, porque la hiperinflación obligaba a emplear cientos de billetes para la compra de cualquier tontería. Hay latinoamericanos que no saben lo que es cruzar un mar flotando en una balsa. Hay latinoamericanos que no saben lo que es hacer una cola de 20 horas para comprar medio kilo de arroz. El día de mañana habrá peruanos que no sepan lo que es ver desfilar a media clase dirigente por la oficina de un espía para recibir bolsas del dinero que los contribuyentes creían estar destinando a la educación y la salud.

Lo grave no es tanto que los jóvenes no sepan lo que padecieron los padres, sino que no sepan que hay, en estos mismos momentos, jóvenes como ellos pasando por el mismo trance, y que en sus propios países hay corrientes de opinión o movimientos políticos que pretenden infligirles el mismo castigo. Así como valoramos nuestro pasado antiguo, las viejas civilizaciones precolombinas, o las hazañas heroicas de los independentistas que los profesores nos hacen recitar en la escuela, debemos aprender a valorar el aprendizaje que viene de la mano con la mala memoria. Y no se me ocurre mejor forma que colocar en un museo –el museo del ergástulo político, el museo del desaparecido, el museo de la hiperinflación, el museo de la escasez, el museo de la expropiación, el museo del exilio– toda esa vasta experiencia acumulada. Llevando a pasear a los niños a ese museo, las maestras de escuela les enseñarán lo que no podrá ningún libro de texto. Allí, en esa galería de personajes y situaciones, de caras y de cosas, verán lo que cuesta un bípedo con la banda presidencial mal puesta, una ley mal dada, un capricho de burócrata, un matoncito de barrio convertido en poder de Estado.

No hay otra forma de aprender lo que vale la libertad, que aprender lo que cuesta alcanzarla. Un museo es una buena forma de empezar.